摩訶毗盧遮那佛

金剛界曼荼羅

胎藏界曼荼羅

日本佛教真言宗高野山派金剛峰寺中院流第五十四世傳法大阿闍梨
中國佛教真言宗五智山光明王寺光明流第一代傳燈大阿闍梨

悟光上師法相

新編正法眼藏

釋悟光

圓方立極

「天圓地方」是傳統中國的宇宙觀，象徵天地萬物，及其背後任運自然、生生不息、無窮無盡之大道。早在魏晉南北朝時代，何晏、王弼等名士更開創了清談玄學之先河，主旨在於透過思辨及辯論以探求天地萬物之道，當時是以《老子》、《莊子》、《易經》這三部著作為主，號稱「三玄」。東晉以後因為佛學的流行，佛法便也融匯在玄學中。故知，古代玄學實在是探索人生智慧及天地萬物之道的大學問。

可惜，近代之所謂玄學，卻被誤認為只局限於「山醫卜命相」五術、及民間對鬼神的迷信，故坊間便泛濫各式各樣導人迷信之玄學書籍，而原來玄學作為探索人生智慧及天地萬物之道的本質便完全被遺忘了。

有見及此，我們成立了「圓方出版社」（簡稱「圓方」）。《孟子》曰：「不以規矩、不成方圓」。所以，「圓方」的宗旨，是以「破除迷信、重人生智慧」為規，藉以撥亂反正，回復玄學作為智慧之學的光芒；以「重理性、重科學精神」為矩，希望能帶領玄學進入一個新紀元。「破除迷信、重人生智慧」即「圓而神」，「重理性、重科學精神」即「方以智」，既圓且方，故名「圓方」。

出版方面，「圓方」擬定四個系列如下：

一‧「智慧經典系列」：讓經典因智慧而傳世；讓智慧因經典而普傳。

二‧「生活智慧系列」：藉生活智慧，破除迷信；藉破除迷信，活出生活智慧。

三‧「五術研究系列」：用理性及科學精神研究玄學；以研究玄學體驗理性、科學精神。

四‧「流年運程系列」：「不離日夜尋常用，方為無上妙法門。」不帶迷信的流年運程書，能導人向善、積極樂觀、得失隨順，即是以智慧趨吉避凶之大道理。

在未來，「圓方」將會成立「正玄會」，藉以集結一群熱愛「破除迷信、重人生智慧」及「重理性、重科學精神」這種新玄學的有識之士，並效法古人「清談玄學」之風，藉以把玄學帶進理性及科學化的研究態度，更可廣納新的玄學研究家，集思廣益，使玄學有另一突破。

悟光大阿闍梨略傳

悟光上師又號全妙大師，俗姓鄭，台灣省高雄縣人，生於一九一八年十二月五日。生有異稟：臍帶纏頂如懸念珠；降誕不久即能促膝盤坐若入定狀，其與佛有緣，實慧根夙備者也。

師生於虔敬信仰之家庭。幼學時即聰慧過人，並精於美術工藝。及長，因學宮廟建築設計，繼而鑽研丹道經籍，飽覽道書經典數百卷；又習道家煉丹辟穀、養生靜坐之功。其後，遍歷各地，訪師問道，隨船遠至內地、南洋諸邦，行腳所次，雖習得仙宗秘術，然深覺不足以普化濟世，遂由道皈入佛門。

師初於一九五三年二月，剃度皈依，改習禪學，師力慕高遠，志切宏博，雖閱藏數載，遍訪禪師，尤以為未足。

其後專習藏密，閉關修持於大智山（高雄縣六龜鄉），持咒精進不已，澈悟金剛密教真言，感應良多，嘗感悟得飛蝶應集，瀰空蔽日。深體世事擾攘不安，災禍迭增無已，密教普化救世之時機將屆，遂發心廣宏佛法，以救度眾生。

師於閉關靜閱大正藏密教部之時，知有絕傳於中國（指唐武宗之滅佛）之真言宗，已流佈日本達千餘年，外人多不得傳。（因日人將之視若國寶珍秘，自詡歷來遭逢多次兵禍劫難，仍得屹立富強於世，端賴此法，故絕不輕傳外人）。

期間台灣頗多高士欲赴日習法，國外亦有慕道趨求者，皆不得其門或未獲其奧而中輟。師愧感國人未能得道傳法利國福民，而使此久已垂絕之珍秘密法流落異域，殊覺歎惋，故發心親往日本求法，欲得其傳承血脈而歸，遂於一九七一年六月東渡扶桑，逕往真言宗總本山——高野山金剛峰寺。

此山自古即為女禁之地，直至明治維新時始行解禁，然該宗在日本尚屬貴族佛教，非該寺師傳弟子，概不經傳。故師上山求法多次，悉被拒於門外，然師誓願堅定，不得傳承，決不卻步，在此期間，備嘗艱苦，依然修持不輟，時現其琉璃身，受該寺黑目大師之讚賞，並由其協助，始得入寺作旁聽生，因師植基深厚，未幾即准為正式弟子，入於本山門主中院流五十三世傳法宣雄和尚門下。學法期間，修習極其嚴厲，嘗於零下二十度之酷寒，一日修持達十八小時之久。不出一年，修畢一切儀軌，得授「傳法大阿闍梨灌頂」，遂為五十四世傳法人。綜計歷世以來，得此灌頂之外國僧人者，唯師一人矣。

師於一九七二年回台後，遂廣弘佛法，於台南、高雄等地設立道場，傳法佈教，頗收勸善濟世，教化人心之功效。師初習丹道養生，繼修佛門大乘禪密與金剛藏密，今又融入真言東密精髓，益見其佛養之深奧，獨幟一方。一九七八年，因師弘法有功，由大本山金剛峰寺之薦，經日本國家宗教議員大會決議通過，加贈「大僧都」一職，時於台南市舉行布達式，參與人士有各界地方首長，教界耆老，弟子等百餘人，儀式莊嚴崇隆，大眾傳播均相報導。又於一九八三年，再加贈「小僧正」，並賜披紫色衣。

師之為人平易近人，端方可敬，弘法救度，不遺餘力，教法大有興盛之勢。為千秋萬世億兆同胞之福祉，暨匡正世道人心免於危亡之劫難，於高雄縣內門鄉永興村興建真言宗光明王寺大本山根本道場，作為弘法基地及觀光聖地。師於開山期間，為弘法利生亦奔走各地，先後又於台北、香港二地分別設立了「光明王寺台北分院」、「光明王寺香港分院」。師自東瀛得法以來，重興密法、創設道場、設立規矩、著書立說、教育弟子等無不兼備。

師之承法直系真言宗中院流五十四世傳法。著有《上帝的選舉》、《禪的講話》等十七種作品行世。佛教真言宗失傳於中國一千餘年後，大法重返吾國，此功此德，師之力也。

目次

前言

「正法眼藏實相無相涅槃妙心」是佛教之眼目，千經萬典都是闡明此道理之工具。

「正」者不偏不依，是當下當相之直覺狀態，直覺下之事物若經過心之分別思考，然後加以分別認知，即落入第二義之中，亦就是凡夫之一切認識。依宗家而言這第二義，是不足取的眾生境界。

「法」者心所之法，吾人以六根為工具，將能取之心攝取對境之所取的諸法相，成為心所諸法，經由分別揀擇出自我的認知，這認知乃依人而異，故不是絕對正確的，故不名正法，反之若將面對的事物，不加思索地當下直認，即人人相同，故謂之正法。

我人不是聖人，故收來之諸法皆是邪法，佛陀教我們從此邪法中去透視其實相，這透視之能觀之智曰「眼」。

「藏」即事物之背面所隱藏之道理，是凡眼看不見的，故名藏，「眼藏」即是透視事物中所隱藏之道理。

「實相」者現象之源頭，其源頭即空，空並非無一物之空，是萬物生成之原理，依肉眼看不見故曰無相，其無相即佛性，或云真如，或云法性，或云法界體性，這體性乃充滿時空，而不斷地活動的常住性，永遠無止境地流轉無常，流轉中依「成住壞滅」而新陳代謝，顯現萬物之生滅，這種動力是沒有第二義之目的，而如環無端無常地創造與毀滅，這體性名涅槃性。

無常即無明，即是佛性，其動力曰羯磨力、或云作業力、功德力、法力，其根本就是佛如來之功德。這功德是由理體發生的，力量是功，發出之用曰德，功屬物理「理德」，德即是用故屬智德，智德精神者也。精神所發用即為心，心流轉即成意，未流轉之前即是創造萬物諸法之源頭，這心是微妙難於表詮的，故曰妙心。佛性起用即是心，不起用即無心，所以心亦是抽象的，無起用之力即是性德也。

佛教，與其他一神教或多神教不同，其中以佛教之密宗更與其他宗教不同，如天主教、基督教、回教等，都屬一神教，道教屬多神教，而佛教之密宗即屬泛神教；密宗把宇宙之大靈表詮為法身佛，宇宙間無量無數之功德力，無量之心王心數，與以神格化之，即所謂諸佛諸菩薩，此種以事表理的哲學體系，可以說是極嚴謹之學術，豈可與多神教相提並論！本編所述直即透視這些道理，繼之以行來體證其佛性之謂何物，親嚐其味為目的。其實此道非常簡單，但一般都被文字所牽，以理念說理念，停滯於學佛中途而不進；為此本書雖有葛藤之嫌，但讀之亦可作為互相策勵。

正法眼藏實相無相涅槃妙心

正法者宇宙真正之常規也；宇宙、世界、時空等，都是相同的意義，宇者界，空間也，宙者世，時間也。這無量無邊的時空，有無量的星球，古人只知我們所住的地球，現在雖然科學發達，發明了望遠鏡、衛星、太空火箭等，但所能探視的星球無幾！人類尚未測知的星球，是否與地球一樣，具有動物植物生存？因為未曾探測得知，故不能肯定，但亦可以「此有故彼有」的道理推想，若果是有動物植物的存在，那麼因為環境各自不同故，空氣、水土等的組織成分不同，動物之形相與內臟機能可能和地球有所不同，但是對於宇宙造化之規律一定是相同的。宇宙之大是無邊際而歷萬劫常存，沒有毀滅之日，其中所蘊藏之理德是最陳而最新的。其理德之中有智德，理德即物理因，智德即精神因，理智冥合謂之總持，其總持之中有無量無邊之理智種性，此理智種性為普門。總是一，普為多，故一中有多，以多為一，並非凝然之一。依理體的性質而言分為六大，所謂地水火風空識，此六類不同性質之理體融為一體曰法界體性，此法界體性之中還有無量無邊之不同質能，有無量無邊之智德的心所德性，雖相涉無礙，但各自德性獨立。比喻說：有一百種藥草，用水煎湯一碗，其味似一，但其各各藥性獨立，治病時飲下，治心之藥發揮治心功能，治肝即發揮治肝功能，各各發揮其特性不會混亂。法界體性中之普門德性亦復如是，一般認為真如本性是個凝然之一，無色無聲香味觸諸法，這是指真如本

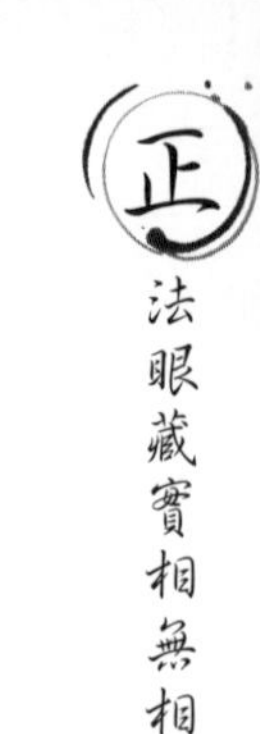

性在無常中的四相之一相，空之時的狀態而言的，真如不守自性，空之後又成而住而壞，又到空輪轉而無間斷。這空即為本位而已。其如本性或云法界體性或佛性並不是空白，其中具有無量無邊之不同德性，才會顯現不同之色聲香味形態，若果是空白，那麼無豈會生有，若果無會生有亦是清一色、一聲、一香、一味，豈能顯現不同姿態，其中必有種性存在，這就是普門之一一德也。

無常即羯磨

宇宙大靈體之法界體性、真如本性，成住異滅四相為其作業，這作業亦名羯磨，即是活動，活動故無常，這無常之力即法界體性之羯磨能力，由其能力推動本性中之種子性，隨種性各自之需要，吸取周圍之質素，成為自己之本誓而顯現，所吸取之質素為助緣，依自己之種性所需之質素比其他為多，其他六大俱齊備，結果全體雖具六大，但本誓之內德不同，故事事物物均依其本誓種性不同而呈現不同形體及色聲香味等。萬物皆具此大法三羯四種組織，（一）具足六大，（二）具足五形色味，（三）具足本誓標幟，（四）具足功能。換句話說：立地平等，處境不平等，即是真平等，如人權平等，崗位不平等。若果不如是即天下大亂，這就是正法，宇宙之真理也。

人權平等者如總統下班時就服從村里長管轄，上班時即為一國之尊。總統在選舉時與民同，平等履行人民投票權，人民平時不得前往總統府自稱他是「民主」，侮辱元首一樣，這是宇宙之正法。

平等與差別即是正法者，又如人類身體之外相，每個人都有相同之眼耳鼻舌五臟六腑，四肢大小便門，一律平等，但面相是不同的，平等中有差別，否則怎能分別認識，每人都相同的話，可能會你父誤認為我父，我妻誤認為你妻，豈不天下大亂？這都是宇宙之正法。

支持平等與差別的主宰即是普門中之各自基因德性，雖

因絕對力的無常作用而新陳代謝，卻能保持其三昧耶（標幟）形。無常力即無明，是諸萬物之四相推動力，有此力故萬物才能生存與毀滅，有推陳換新故才有創造，有創造故才有時間壽算，這是依現象覺知的；依宇宙大靈法界體性上看來，是種轉法輪，其理體整個是常住的，從現像上來看有生有死，由理體來看是虛出沒，若沒有無常之絕對力這世間是死寂的，豈會有萬物之出現呢？無常應該是我們的恩人。若沒有無常，孩子就不會長大，沒有學問的人就不能成為學者，老人亦不會死亡，那麼宇宙間，孩子永遠是孩子，老人永遠是老人，愚人永遠是愚人，賢人永遠是賢人，是不是宇宙當體死寂？一般人都怕無常，以無常為鬼，這絕對不是正法。

四種組織者，宗家名曰四種曼荼羅，大曼荼羅即是地水火風空識之六大，有堅固性之地大，有濕性之水大，有暖性之火大，有動性之風大，有無礙性之空大，有覺性之識大。如地中有其他五大，水中有其他五大，火中有其他五大，風中有其他五大，空中有其他五大，識中有其他五大，每一事物只是某一大顯與不顯而已，均具足六大。

地大是方形而其色黃，水大是圓形而其色白，火大是三角錐形而其色赤，風大是半月形而其色黑，空大是團圓寶形而其色藍，識大是了知而其色雜；地大有不壞之業用，水大有攝持之業用，火大有離散之業用，風大有長養之業用，空大有自在之業用，識大有識別之業用。

每一物皆具足六大，如一塊木頭，可將其中取出五種不同形的木塊出來，就是每一物中都隱藏有五形。

色彩即依其物之基因德性而各顯其不同顏色，其餘之色只是隱而不顯而已。

其次是法曼荼羅，每一物悉有其個別不同之聲字，聲即聲音，如不同之物自上往下掉碰到地面時，所發出之聲音各不同，人亦然，其容貌各各亦不同，容貌形相即是字，又依人而言，各各之筆跡亦決定不同，這是平等中之差別。

三昧耶曼荼羅亦即是標幟，每一事物各有其基因德性而各顯其標幟，如梅子即顯梅子樹枝及具有鋸齒形的葉子，特別與其他的植物不同形體，作為自己的標幟，令人一見就可以分別。

羯磨曼荼羅即是作業或云功能，每一事物依其基因德性而顯現其功用，如藥草各自具有其特性，各有其功能，同時又各有其防身功用，如脆弱之花，為防止外侵而生滿了全身的刺，以及毒汁等等以防自身。

如果子等為了繁衍子孫而生果實，未成熟之前是呈現苦澀味道，以防外侵而喪失功能，到了成熟之時就呈現鮮美色彩與甘味令人喜愛，人採摘而食，愛好其味道而替它傳播繁殖種子以傳遞後代。

現象之一切萬物皆由法界體性中所具有之無量無邊功德所現成，依無常之絕對力所推動，而經成住異滅四相輪轉，其實現象之有是實相無相的空中妙有，空有原來是不二的；若以冰、水來比喻，冰是現象，水喻實相，離水無冰，離冰無水，冰即是水，水即是冰，比喻水與波亦復如是，《心經》之色不異空，空不異色，色即是空，空即是色以此可以了解，元來空有是不二的。

經中有云：「一切、眾生、悉有、佛性。」一般都解釋，一切眾生全都有佛性，這樣的解釋，我個人不甚贊同，若把一切、眾生、悉有、佛性解釋成一切眾生通通有佛性，換個比喻來說，就有如一切冰都有水？那麼冰變成器，器中有水，豈不變成二元論了，應該解釋謂：一切冰皆水，這樣一來冰水就不二了。我個人的看法應該解釋為：一切、眾生、悉有即佛性才恰當，因為一切是指萬有，眾生即衍生出來的現象萬物，悉有即現象有一切萬物，一切、眾生、悉有，皆為同義，因為萬有是實相空所顯現，空有是不二的，萬有都是法界體性，佛性顯出來的，故眾生即佛性。不是眾生中有佛性，是眾生當體即佛性，眾生並非全指有情，所有顯現的動物、植物、礦物都是眾生。

有情無情是物理基因組織上有所差別，植物雖無明顯地表達感情痛癢，但它都具足六大，而且亦有感情，礦物之能為人類造屋建牆都是它有識大。依動物而言，神經組織最好的人類，如神經有障礙就變成植物人，而與植物類似，如牛馬犬貓等家畜，雖有感情卻比人類低劣，況乎低級動物的蟲

類對人類都沒有感情，所謂感情是愛所衍生，人類對其他動物有了愛，就能構成感情，否則視為敵人。

古時有句成語云：美得沉魚落雁，美人美得連雁鳥一見自感醜陋而昏倒跌落樹下，水池中的魚兒一見美人，自覺醜陋而沉入水底不敢舉頭，其實不是，雁鳥一見其人甚感恐怖，見美人是醜劣的惡魔，故急逃之中撞到樹枝而掉下來的，魚兒見到美人深感恐懼會被抓，故入水底藏身的。為什麼美人在牠們的眼中是恐怖的醜物呢？美人是人類的共業感，魚鳥之類即與人類不同，經云一物四相，一味的水，天見玻璃，鬼見血河，魚見宮殿，人見是水。依各自的意趣而有所不同，即是業感不同也。這些色聲香味觸分別美醜的看法都不是正法。

人大都迷著於現象之實有，卻未曾透視其真正實相，其實一切事物都是性空，是暫時之假立。

比如一棟房屋，雖有其物，但它是暫時組織假立的，未建蓋以前即一無所有，經設計後取來諸多材料，依設計圖樣來建造組織，蓋成了一棟房屋，有朝一日非拆不可的時候，將房屋拆掉，房屋沒有了。房屋蓋成時命名某別墅，現在某別墅沒有了。拆除後將此原料別覓一處蓋了一座寶塔，依設計後而建蓋，變成了寶塔。房屋或寶塔都由設計而變形又變名，可見現象萬物無自性，但其原料是有的，原料變成建物原料之本形就隱藏於某建物當體之中，外面看來是相融為一，但其實沒有相融為一，是各自獨立的，鋼筋沒有溶入石中，石沒有溶入木中，木沒有溶入磚中，只是相依為命地暫時存在，我們的身體亦相同，甚至家庭、社會、國家，都是互相依靠地存在着，一切都是暫時的組織法，其名辭都是假名沒有自性，所以一切事物皆因時間而剎那間在變。前面所說材料是有的，其實材料還是組織物，如石頭其本身還在變，還是經過造化之成住異滅四相，時時在變，到了壞滅之時變成氣體元素，到了最後變成光，可以說法界體性就是光，各各物理基因就是光，基因不同光亦不同，但相涉無礙，雖相涉為一而無礙，然卻不是凝然為一，是各自獨立的。

萬物顯現期間即四相之成住二相，這二相內容是相續相，相續相者如旋火輪，舉一火炬加以旋轉，即成一圈火環，其實火環是火炬剎那剎那的相續影跡，火炬本身不成輪，輪是火炬點點相接相，前刻之火燄停在前刻之位置，絲毫不動，即所謂法住法位法無去來，第二刻之火燄停在第二刻之位置，第三、第四刻也都相同，其點點構成火輪相，火炬本身亦相同，萬物之新陳代謝都是一樣，其連續相漸成一物，如瀑布水看來是無數的水線構成個布面，其實都是點點之水的連續相，前刻之水停在前刻的位置，後刻停在後刻的位置。大江的江流都是相同，古人云：悟道之時見到，旋嵐偃嶽而不動，江河兢注而不流。

古時有個梵志，自年青時候就出家，經過數十年後，一次回到故鄉，鄉里的人都說某人回來了，這位梵志說我不是某人，大家問為什麼你不是某人？梵志說某人是當時的人，現在我不是那個人。人問怎麼說，請道其詳。梵志說當時的某人是少年人，現在的我是老人，若果是當時的人，為什麼現在的容貌不是當時的容貌。十歲時是停在十歲那個時候，我現在已不是當時的那個人了。這就是證明法住法位，法無去來的道理。一個人亦好像旋火輪，像瀑布，像流水一樣，是暫時的相續相，找一個我不可得，因此佛說諸法無我。

法是事物起之端的，法相是事物四相流轉之過程。法無去來是事物發生之歷史，如人走路，第一步與時間停留在發生當時，每一步有每一步時間，到了千里即是一步一步的連續，第一步不能拉來到達千里時的現在，昨天發生的事物不能拉來今天，所謂法住法位，法無去來。

法相即現象萬物，一刻一刻地代謝，四相中之成住二相有其成住之生命力，依事物之基因德性顯現力之長短來決定成住二相之壽命，這是指代謝之功能來看的，其事物之本誓標幟雖不變，但去舊換新的相續中是依空間某種因緣條件下，會改變其體積與長相。到了其代謝功能盡的時候就呈現壞滅二相，呈現本來面目的正位。這是宇宙正法之法律，宇宙萬物均逃不過這定律，如水遇寒冷而造成冰，遇到熱即溶化為水，現象看來有生滅增減，但對於宇宙大靈全體而言，是不生不滅，不增不減的，這當體叫做涅槃體，哪裏有生死可言！

人欲長生不死的念頭是違背大道之運化的，雖求長生不死，但始終沒有辦法去抗制造化的法則。人們求而不遂即生多餘的煩惱，一切眾生都是如此，故有老死、增減、壽命、人我的思想，導致生存於不安的處境。

莊子妻死而不在乎地鼓盆為樂，孔子命顏回去弔喪，顏回問莊子，死者是你的妻子嗎？莊子答是，顏子問為何不悲哀而鼓盆？莊子說：她本來無其人，幾十年前才出現，現在還其本來的無，有什麼可悲哀？事後，顏回問老師，莊子是有名的哲士，但一點人情味都沒有，從頭述說其經過給孔子聽。孔子說：他是方外人，我們是方內人，我們不能與他並論。顏回說：先生我們為什麼不學他？孔子云：我們尚未已也。的確莊子是有體悟正法的覺者。

我們執著現象而忽視實相，人有各各不同之境遇，有各各不同之欲望，欲望是一種精神渴望的資糧，所謂食也。

財色名食睡都是萬物支持生命的食糧，不但人類有需要，其他禽獸昆蟲及植物也都有需要，若能隨遇而安煩惱就自然減少。人類因好要更加好，故求而不得時，不但起了煩惱，一時生起歹念做出違背正法、以強謀而取得，遂做出搶劫掠奪綁票殺人等行為，終於被捕入獄喪失名譽與自由，這都是迷執現實貪圖享受的結果。

口腹之享受是一時迷著的快感，肚子是不會計較的，好歹皆納，衣冠之美醜是行屍走肉加上裝飾而已，心若如禽獸一樣無恥，任你怎麼粉飾都是衣冠禽獸。

人為萬物之靈長，雖然科技發達進入了太空，自認科學萬靈，但對於精神上所帶來的困擾卻無法去掉，人人有難念的經，要彌補這些精神上的缺憾，應該要信仰正法的宗教，依我個人的看法，人不可無宗教信仰。

總而言之，依正法的宗教來啟示自己的心扉，透視宇宙造化之真理，人們就會減少瘋狂的無明欲望，就能隨遇而安了，這就是眼藏，眼即是觀看，藏即是現象背面所暗藏之真理，心體悟一切事物之「源」理，而心住於理趣，行動生活於現象中即為修行。

世間一切事物如一個大車輪旋轉不停，車輪有無數之輪輻，輪輻有一中心軸，我人將精神入住於世事之車軸中心，車輪雖不斷地旋轉，但中心一點不移，輪移而心不移，如在高山頂下瞰十方一目了然。世事是法之華，故云心悟轉法華，心迷法華轉，凡夫住著於輪框，故被轉得團團迸沉淪苦海。苦海即凡夫之精神感受，其實沒有苦海其物，比喻一池水，不諳水性的人是苦海，一入其中便會沒頂窒息死亡，若果識得水性會游泳的人，一入其中是清涼的泳池，甚至也可以救了不會游泳的苦海中人，會游泳識水性的人，就如了悟宇宙真理正法的人。

我們能透視世間一切事物之實相的同時要體行之，才有社會、國家、人群的互助緣起生活，社會國家人群是宇宙生活。宇宙生命是透過萬物之生機而組成的共同體。社會國家之團體調和是透過人群各各之生命的互相緣起而成的。所以每個人都有繼起宇宙生命之責任！

萬物即現成公案

宇宙間之事事物物即是由實相無相空所顯現出來，無相之反面所隱藏之現象是人人都看得到，故云平等，所謂「遍法界不曾藏」謂之「現」，其一一之流轉相成為一一物為「成」。事事物物各自不同之相明明白白呈現眼前公開為「公」。如在案棹上公然陳列之事物絲毫不紛，而有差別守分，為之現成公案。我們可以從有相直認為無相之實相。

因為空即是色，色即是空故不必解冰歸水，直認冰即是水，即事而真，當相即道。實相無相是無為，現成公案即有為，有為即無為，無為而無不為，二者皆是一之內容。

這現成公案之事事物物應依「唯觀唯行」才不會流於主觀或客觀。以唯行直覺才能現成「公案」之現趣。

體驗的世界

森羅萬象事事物物依佛法來正觀，事事物物均是現成公案，但自己去看事物時，即有迷、悟、修、行、生、死、諸神、眾生等之差別儼然在其當處，萬法然者也。

依佛來看諸法即是佛法，因諸法是相續之流轉相，故佛法稱諸法為無我。

觀萬物無我之時，亦無迷、無悟、無諸佛、無眾生、無生無死，對於現成公案之透視其本來實相無相時，如波還水，諸法無我也。

佛道本來就跳出有無之絆籬，現象雖有生滅、迷悟、生佛，這是我人對萬物的認知觀念，才會被縛於有無之中，所謂：花由愛惜而謝，草因厭棄而生，為了愛惜花，希望花能長久存在觀念上，才有謝落的觀念，為厭惡草之盛發而有草的叢生之觀念，因著一邊而生一邊的對待認知。

體驗方法與修證

所謂任運自己去修證萬法為之迷，由萬法來修證自己為悟，以迷轉為大悟為佛，對悟而迷即為眾生，有悟上得悟之漢，有迷中猶迷之人。

心外無別法，法是由心去攝取周圍之萬物法相的認識之潛意識。

了悟事事物物是無相實相空之無常四相顯現過程之妙有流動相，色不異空，空不異色，色即是空，空即是色。

但以自己去觀察修證萬物當相的色即是空、空即是色，即等於析空觀，為任運自己去修證萬法，這等於儒教之格物，應知心外無法，將自心用於直覺上，萬物納自己於其中，我與萬物一體，把握自心不去分別，即屬儒家之致知，即以萬物來修證自己。科學哲學即用心去分析萬法，佛教即以萬法來修證自心。即借萬法做為修心工具，直覺看去色聲香味觸諸法現成，但自心即視而不見，聽之不聞，並非非禮勿視，非禮勿聽。即無我的立場去對萬法，即是行、正覺法。於此真言家即將自己放大如虛空，萬物納入自己身中。

當時的自己即變成大我，消失了自己之小我，萬物與我一體時當下成為法身佛。

執著萬物與自己為對立時即迷，萬物與我為一時即悟。一切萬物悉皆法身佛之顯現，依迷悟差別而命名，到底都是佛如來體。悟時為之成佛，真正成佛的人不知自己成佛，若知自己成佛即是悟之迷，依無成而成，其成佛之時大地眾生皆成佛，沒有生、佛差別觀念也。

見色即舉身心而見，聽聲即舉身心而聽，因為有身故有心，並非神教所謂身是臭皮囊，身中有靈魂之二元論，佛教之正觀是身心不二的，是一如的，若不如是，就變成鏡中有影即外有其物，水中有月影即空中有月的相對論。見之時即身心沒入無物，亦即自他融為一物，聽時即自他融入其聲，對於萬物即收攝全宇宙諸法。

若果取其唯心，取色或取聲即不算真正之修證，應以舉身心去見色、聽聲，實際上我人每做一件事都是舉全身心地去做的，以此立場來應接事物才能把握端的，只用身即不足，只用心亦不足，所謂唯心的立場或唯物之立場悉皆不足，要兩者如實的一如之立場，才能算是舉心身的端的，亦才能得到證的結果。

行的修證、證佛

所謂學佛道即是學自己，學自己即是忘卻自己，忘卻自己即被萬法證，被萬法證即是自己及他物之身心的脱落，即忘卻其悟跡，而長出悟之跡。

這裏所謂佛道，非僅指佛教，這點要注意，佛道就是吾人隨順法性去進行之道，這才是「行」之現成，隨此道而行，當下即是佛行，故云佛道，另無別道可行，隨順宇宙造化，腳踏實地去行動即是行道，即是行證佛道，隨順佛之道中，即知自己是什麼，故云學佛道即學自己，學自己即不可立自己，不立自己即忘卻自己，忘卻自己是無我也。無我並不是捨掉自己，是捨去自他的對立，所謂無我即是前頭所述以萬法來修證自己，將自己沒入體驗的世界，萬法即我之時，始能覺知沒有對立的自己，這就是忘卻自己即是學自己，亦即是學佛道。

以萬法來證自己，乃是自己之身心脫落，以及自他之身心脫落。身心脫落並不是破壞自己之身心當空，而是身心中沒有固定的概念之超越境界。

否定了依身而有身見或唯心而有邊見的分離固定對立概念，把握了身心一如，才是身心脫落。

被萬法修證乃是沒有對立的自己觀念，所謂超越身心的立場，身心沒入一如的體驗世界。

自己之身心及他物之身心，並不是自己與他人，忘卻自己是止於自己的事，與他物無關，他物是自己以外之一切事事物物。因為有他物故有自己之成立，假如天下只有自己一人，都沒有其他萬物，哪裏會有自己的對立觀念？所以他物是塑造自己之物，因此自己即他物也。脱落自己之身心即是脱落他物之身心，自他之身心同時超越，才是真正的脱落，只是自己脱落而留他已存在的意識是無法脱落的。因為他已之身心不外是自己的身心，故非到自他不一不異的一如境地不可。

到了這立場時悟跡就休歇了，所謂不知自己成佛，開悟之時沒有悟的念頭，有了悟的心跡即會停滯在當處。在悟跡休歇時，不斷地實現佛之行儀，一言一行、一舉一動，如實地現出佛，由此地證入諸佛境界。

故云學佛道即學自己，亦即所謂依萬法來修證自己，證佛乃是舉身心去領會自他一如，身心脱落而行佛之一切威儀活動。

我的脱落

人發心開始求法，亦是期待識得佛法或了悟萬法。當求佛法之時，實質上人們卻離開了法的邊際（摸不着法的邊際），即是離了傍邊，如在門外，遠離了門檻，為門外漢。為了入門故而求，有了「求」之心卻更加遠離了，此即「望道未見之」的境地，如此一來無論到何時都在求的途中。

如此一來，眾生始終都在自設眾生之限，不能成佛。但生佛一如故，眾生本來是佛，眾生為求了知佛是什麼！結局是隔岸觀佛，望佛興嘆。自身之外去求佛實是相去千萬里，所以求佛的中間，實際上是沒有親近到佛之身邊。

然法「正傳」到我之時，亦即真正體會到法的時候，即本分人也。這時才是真正的人，亦即是佛。

云法之傳來，法並非自外傳來到我，我才成為本分人的，了知自已本來就是本分人，就是法傳到我了。

眾生本來是佛，普通卻以為眾生本來有佛性，因被迷塵所覆，故不能顯現佛形，而成眾生之形態，若能發現佛性即能立處成佛了。

只有佛性亦不是佛，不能說眾生本來是佛，所謂佛性不是佛之性，佛性就是佛即性，性即本然之姿，以為佛之性是能成佛之素質，結局素質不外是佛，理體名如來，智德名佛，因為理智不二故，質與能根本一體，不二的一如。同樣法傳到本分人，即是已知原來本分人，即為之法之正傳，正傳之時即本分人也，了悟時即身成佛，即疾速也，不起於座即時成佛也。

人在行駛的船上眼看周圍，以為岸邊，但眼看本舟即知舟移，我人亦相同，亂去辨識萬法的時候，會誤認自心自性是常住的。身心亂想即是不舉身心，不識身心一如，不知自己無我。所謂運自己去修證萬法，這正是亂想妄想也。

假若運自己去修證萬法亦無妨，若知自己無我即能從迷轉悟，若運自己而不識自己是無我即是亂想，那麼要去辨識萬法，即會墮入種種思想中，誤認自己、自性的本質是常住之物，這就是我的存在，只有萬法森羅萬象在變易，這和乘舟人相似，不知自己即在遷流移位。

但以唯行的無自他境界，方能到達體驗的世界，自此以來如人東裹回鄉，到達根源之處，事事物物即是我身，才謂之體驗，當時即知萬法無我的道理，萬法無我即自己無我，依無我的立場才能證知真正的萬法，這復歸唯行的世界即是證佛之道。

體驗之姿態

體驗之姿態是修證之中的心態，這裏用薪與灰比喻，一般所看的萬物遷移過程是薪燒了成灰，灰不能復歸為薪，以薪為先灰為後，但依修證不以薪為先而灰為後來推理，這是事物的根本問題，的確不容易了解，實際上薪是薪，灰是灰。

薪燒成灰是從化學變化的立場來說的，即是所謂自然的事物法則，這並非物的體驗立場，體驗之世界即薪是薪、灰是灰，看薪之時沒有灰，看灰之時沒有薪，沒有轉移的心相，故一方證即一方暗，沒有薪變灰之流動思惟相，修證時是不得有薪流動到灰的，因為法住法位、法無去來。

依體驗的世界即薪住於薪之法位，灰住於灰之法位，這是現成公案。薪本身是薪之連續相，灰是灰本身之相續相，法法前後際斷，連續即是切斷，斷斷點點排起來的，故生並非從任何而生故云不生。如旋火輪，如瀑布，法住法位，法是停於其時間不移，故云不滅。死不能再生，死是死之相續相，本來前後際斷，往不來今，今不復往。

生是一時一位，死亦是一時之位，如冬是冬，春是春，不能說冬成春，不云春成夏，生之法住於生之位，死之法住於死之位，雖有前後相續，內容是前後際斷的，即生或死都是全機現成的，全機現成之位位連續即法輪，亦云佛轉，無常地轉故不滅也。

無常是相續相，不滅之法，如錄影帶，一切事物之相都是片片靜止不動的，事相之顯現是無常地將片片加以流動遷移的現像。其內容即片片法住法位，法無去來，以此思之可以了解。

修證中之心的姿態，古人云，未入山時見山是山、見水是水，修證時見山不是山，見水不是水，下山後見山還是山，見水還是水。下山後即行菩薩行，以萬物為我，和光同塵地遊戲三昧，這已是證佛了，人在學佛道當中修證的工夫都是必要的，只用常識去分析是不可以的，古人有云：若無一番寒徹骨，哪有梅花撲鼻香！

悟境的把握是重要一環，悟的光景好似月亮照水面，其月不濕，其水不破，所謂竹影掃階塵不動，月穿潭底水無痕，雖有廣大的光亦可納入尺寸之水，全月或無限的天空亦可宿在一露之中，亦可宿在滴水之內。

悟了的人亦與水相似，沒有變成別樣的相貌，萬法納入其人亦沒有礙及其悟境。如月或無限的天際照於水，或照於露珠上也不礙其水露，月是月、天是天，萬物是萬物，對於悟的心境是不會妨礙的。

月照鏡面、或物照水面或露珠，其影的深淺即與其月或物距離相間，其時節之長短，可以其大水、小水來檢點天、月之廣狹。

體證之時，直觀大水小水，小水是小水，大水是大水，諸法相的體，大即大，小即小，這就是體驗，其直覺時大小廣狹沒有加入思量。

前已有述唯身的看法行不通，唯心的看法亦不可，要把握身心一如的立場，才能展開體驗的世界。這身心一如應充滿着萬法，身心與萬法一如，才是沒入體驗的世界。

若到了身心一如的境界，就會覺得法尚未充足之感，其會得之時就會感不會得，不會得之時已感會得，會者不會，不會者會，所謂「不」者即無我者也。

理學家王陽明有云：「專識見者日日有餘，專涵養者日日不足，日日不足者日日有餘矣」。

因為日日讀別人的書，以為萬物事事都識得了，但實際去體驗的時候，即會感覺不識得的地方還很多！

如人乘船入大海，一望遠處沒有看到山或島嶼，只見一個無邊際的圓，都沒有看到別樣的相狀，其實海不是圓或是方，海是具有種種形色，種種動態的，其海德是不可限量的。

萬法亦是如此，人的見力大即視野大，見力小即視野小，依其參學的眼力而有不同，但是都沒有什麼世間、出世間之別，只是眼力所及為限，而有種種差別事物的。應依學道的經驗，眼力所到視之即為己有。

云蟹似甲而挖孔穴，深度即是其高度之分量也。眼力愈大即愈覺不夠，會感覺尚有很多看不到之處，學道之功力亦是相同，愈學愈感尚有不足的謙虛之意，悟境低的人往往以為已經大悟了，感到滿足，實即是不足也，一般都會忽略其事。

誰都知道空是無邊際的，海水亦是無邊際的，森羅萬象亦是無邊際的，體驗的世界亦是無邊際的。

魚自古以來不離水，鳥自古以來不離空中，人亦是不離體驗的世界，離了體驗的世界無人，魚離水鳥離空即死。

所謂體驗的世界即是道，物離道無物，人離道無人。「道也者，不可須臾離也，可離非道也」，然吾人在此世界往往不知我即世界，只是在此世界中用大時即大用，用小時即小用而已。

魚靜游的時候即靜游，要跳躍的時候即跳躍，鳥靜飛的時候即靜飛，大活躍的時候大活躍。我人亦不離這個體驗的世界，日日生活於體驗世界中，大用時即大活躍，小用時即小活動。如此頭頭無邊際，處處無不踏翻，一一事物、一舉手一投足隨時隨處，如實地全身心一如地實現活動。這無邊際就是全的活動，事事物物全的活動是即現成公案。

處處無不踏翻亦是現成公案，活動即「行」的一如，即到處都是現成公案。一如而「行」，「行」而一如，即隨時隨處，其體驗即現成。

鳥離空即死，魚離水即亡，鳥在空不知空，魚在水不知水，人亦好像魚鳥沒入於體驗的世界在空中活動，所以離開體驗的世界人即會死亡，有活動故有其存在，無其活動故就無存在了，換言之人必須活動的。

魚離水即亡，故魚以水為命，鳥離空即亡，故鳥以空為命，另方面也可以說，魚為命，鳥為命，為避免常執概念可以說以命為魚以命為鳥。

鷺立雪中，銀杯盛雪，海天一色，這平等中有差別，鷺是鷺、雪是雪、杯是杯、海是海、天是天，自他的統一中有差別相，直覺的當中一物不毀，故在人的修行中都有修證，壽者、命者，這不是概念的理解，是如實的會得，故有修有證，所以修證是盡邊際去「行」的修證體驗，這才是事事物物之根源，亦即是人之生命。事實上大多數人都是「日日用而不知」，但用大即使大用，用小即使小用，自然其用即現成在眼前，知此而用之，進而從知至於不知的立場，才是真正沒入於體驗的世界。有修有證其活動的時候即是修，依其活動所體驗的，所會得的就是證，依修證一如的活動來會得體驗，才能營運體驗的活動，所謂依活動之體驗來把握體驗，以體驗為體驗來活動，即當處就是「行」的現成。

其有壽者命者並非單指永遠之生命，短亦是生，長亦是生，如魚不出水，鳥不離空，其當處的活動即是生命，事物存在的時間有長有短，但都不妨礙活動之生。

在一如的平等中有萬物差別的活動，以直覺去面對現實地活動，以事事物物為體驗之活動就是體驗的世界，亦就是人之生命，萬物之生命。

然魚擬窮水而生，鳥要窮空而存，這是不可能的，人要窮此現實生活的體驗世界去覓道亦不可能，魚在水當體即體驗世界，鳥在空中生活當體即其體驗世界，人在森羅萬象中生活，當下即體驗世界，自己身心與萬法一如的活動即是體驗世界，即佛道，別無道可尋，亦無處安住。

人要修佛道，即得一法通一法，遇一行修一行。我人之一舉手一投足皆佛之道場的活動，一切動作就是道之表現，遇一事作一事即是通一切法，亦即是法通於道，法是妙有，道是本體，萬物是道之表，道即萬物之源母，我亦是法亦是道，萬物亦是法，亦是道。道不是他亦不是自己，亦是他亦是自己，即是森羅萬象之根源，頭頭是道，一事一物、一舉一動皆是道是法。道不屬有不屬無，不在事之前，不在事物之後，即是事物當相，有無悉皆道，不是修後才能得到道，並非得而後修，是悟與迷之心理狀態，迷即日用而不知，悟即無彼此，無先後、無遲速，當下當相即道，了悟當時即成佛，不是本來成佛，成佛之語即是了悟的意思。了悟不可有了悟之心跡，因道本來無知，若以科學的立場去分析道，這是世間學問，不屬體證，道是萬物當相，是萬物之活動，所謂活動即是心思惟，全身心的舉動，我人直即會取當相即道就可了。但在「行」的當中對於所謂道、法、修、證都不要留跡，有認為見道見性必要坐忘至於死寂，已死寂無心之活動，怎能見道見性呢？要在活動中去肯定一切，沒有過去，不知未來，現在當下點點頭頭去直覺會取，現像即實相，不必毀現象取實在，未悟前之當下現象與悟後之當下現象絲毫不變，但悟後的現象與未悟以前之現象卻有不同，這是內證，並非他人可以了解的無秘密的秘密。道是宇宙本然之姿態，其名是一種假名字，本來沒有這個名，原本如此就是道，道即性、即法、即物，到哪理去見性？當下之活動就是性，眼能見是性、鼻能嗅是性、耳能聞是性、舌能嚐是性、身能觸是性，一切無常能移遷變化是性，總之所謂道者，為佛法、佛性、佛道。

內證之體驗有其處，其處自有通達隨順之道。雖有一法一行之處，但道對於體驗而言，一一皆是全體驗之內容，事實上一法的會得，真正一行之修行，是非常繁多的，但都是本來無知，是超越概念的「現成」。會得一法得一行，大道通達即在其處，才是體驗的體驗之體驗的「現成」。其體驗是沒有知的思惟，這是體驗之姿態，並非所謂體驗之對象。

體驗之把握不是會得一法一行之實行次序的前後問題，佛法之究盡是同生同參的，佛法之究盡乃遇一法體得一法，遇一行得一行，才能究盡佛法的事事物物。

並非分析而得佛法的極致。遇一法會得一法遇一行修一行才是究盡佛法，同時是現成體驗，此兩者同時現成，同生同參的。

並非行後才能生出悟，也非會得一法後才生出悟來。是遇一一事物通一一事物，當一事物如實去修行就是悟。

宇宙大道不屬知不屬無知，我人之行亦如作而不知其

作，不知自知是諸佛之知，亦不知是悟境，所以知而不知。

此處一再重複地說，讀起來恐有拖泥帶水之嫌，但雖是極微細之事情，也是不可疏忽的，這些細微之事，真正會得的時候，即能通天下之大道。一一事物真正去修行就會通達無難的。一一物、一一事真正去會得，換言之即精神專注不雜他念，將身心沒入其事物的心態，把握這心態就是悟，其他沒什麼可得，當下即是，其實亦無所謂得，都是無所得，以無所得故，《心經》云得阿耨多羅三藐三菩提。

所謂證驗者，比如有人已經嚐過梅，未曾嚐過的人問：是什麼味道？已嚐過的人用其體驗內容之境界，表現在面上給人看，未曾體驗的人怎能體會？這證驗是思惟推測不到的境地，應由自己親自去嚐試，當下即能體悟。

這證驗謂之密有，即是直接親證會取，不能與他人共，各人各有其感性空間，相同的酸度依不同的人有不同的差別，這差別也無法用言語紙墨表達。

古時有位和尚，手持一把扇子在搧風，一個僧人看了就問和尚，風性無所不在，遍滿虛空而常住，何必用扇？和尚說：你雖知風性常住，但尚未通達其處的道理。僧問：那麼什麼是無處不週底道理？和尚還在搧風，僧愕良久禮拜後退去，是否已經證驗？風不可以風常住來想，要體驗風，必需搧的時候才能出現，不搧的時什麼風都沒有，所以風性就在起風處去體驗。要知佛性即在事物接觸活動時去體驗，用概念分析式的方法求證驗是不可能的。修證即是身心沒於事事物物之中去活動才是親證體驗。

佛性之證驗即在事事物物上去體得，不是在端坐無心狀態下去求知，或從思惟上之概念求證驗；這是正法之活路，佛佛相傳之道。密教大阿闍梨之灌頂是無言亦無儀式，師舉一手印，徒依之結手印，來互為傳達秘密消息，亦即印心之法。

如師命取一梅自嚐，當時即傳達其酸度證驗一樣，佛法亦在身心一舉一動之中露出其端的，並非聽經説教就可以會取得到，能證到實相無相而無所不相的道理。

這佛之家風即在事事物物上來傳達其消息的。釋迦牟尼拈花微笑，將實相無相涅盤妙心傳給迦葉，以心傳心在這花上顯現佛性之姿態來傳達，能表所表不二的當中傳遞消息。這時思惟前後際斷的當相，但大眾皆不知，當時佛性由動作現成公案。萬事都如此，未動作以前雖佛性充滿法界，但都隱而不現。萬物都不斷地從佛性顯現，從自己一舉一動地現成，吾人日用而不知，雖無所不在卻不知所在，這佛家之風即是大地之黃金現成，長河之酥酪的參熟。

上來所述之現成即公案，諸法即實相，色即是空，空即是色，萬物即佛性，能知所知皆一，能所不二，自他一如，身心不二，均是佛教、佛法、佛道之骨髓。

佛法之了悟並非科學、哲學的分析概念，是直接體證的結果，其體證是知而不知的直覺知，再也不必去撥波覓水，直認波即是水，不必再推敲思索。

日常之生活起居，倦來睡覺，大小便通利都是佛性的作用，壇中修法亦是供養諸佛的活動，在社會活動亦是供養諸佛，因為時空無大小，小是大之內容，大是小之總和，大即小，小即大。

能深觀此現成公案之背面所藏奧妙道理，即是眼藏也。能觀為眼，所觀即藏也，眼藏二字實不二也。

真言宗家主張現象即實在，即事而真，當相即道，並非灰身滅智的厭世主義。亦不是精神物質二元對立的靈魂論，是多之一、一中是多的互助緣起論。

諸法雖多體性卻是一，體性之一中即有諸法之多，一乃綜合體也。真言宗以曼荼羅寄寓其道理，行者由此透視內藏，以身口意動作去體驗其理智之德，此乃宗門最高無上疾速的方便法門。

禪為直入，密為橫起，禪之祖師們各自創立其接引方法，這種言行奇鋒的體證，非大根大器的人不能一拍即合。

真言有門，有破廿五有之執著的三摩地法，有以社會中之各種事事物物的活動接觸來啟示自己修證之法。

必是同生同參的，透視內藏的道理，同時肯定現象的，將自己直接肯定為諸佛，以諸佛的行儀而行之即身成佛，沒有時空之長短立地即身成佛，疾速故云神通乘也。

禪用現成公案去體驗，這方法可以肯定，亦可以透視實相無相而無不相的動態，卻不能去看實相中諸繁多之基因種性，僅住於正位的空白。往往貪著禪味而變成灰身滅智。宗家不視現象世界是五濁惡世，而看世間是越量宮，一切人皆諸佛菩薩，一切其他動物悉皆自己眷屬，一切植物悉皆寶幢，一切礦石都是瑟瑟之座，一切盡是寶物，一切有無、自他、莊嚴與醜陋，皆是心之分別，心莊嚴故世間莊嚴，悟者一見萬物皆寶貝，迷者一見萬物皆穢，地獄亦是心之境界，淨土亦心之境界、十法界皆是心的世界，三界唯心，萬法唯識，迷即一切心法皆五蘊，悟者一切心法悉皆五智，五智五佛也，諸心所法皆諸佛菩薩眷屬也。法相雖有，心外無法也。

身心學道

依理來看雖然説本來是佛、現象即實在、諸法即佛性等等，但依體悟的事實來説，迷者根本不知佛性是什麼，只是心中存着一些概念的影子而已。要真正成為體驗人生活動，沒有「行」是不可以的。學道必需觀行一如的立場去「行」才是身心學道，現成公案之透視即是觀，舉身具體去體驗為行，而為要了解行的必要性，所以需要仔細參究身心學道之理趣。

有關「身心一如之行」，若按普通的説法，所謂身是臭皮囊，只有靈魂或云心才是唯一的依靠，以這樣的心理來修行，就墮入了二元論，這是一般神教家勸善理念的主軸。依二元論的立場去修行，往往以為不要活動，全傾於枯坐，著重精神面。佛法是身心不二論，要舉全身心具體的去活動，以萬法與我為一，以萬法來修證自己，自己沒入於萬法，一如之活動來修證，才能具體的表達心之活動，這點是學道的根本。

學道並非理通了就不要去行，所謂道遍法界無所不在，我即是佛，不要去行了？修行也無所得，所以不必行，這往往墮於自然外道。又有主張苦行才能消業，業消才能成道，這種苦行主義也是犯了修之有所得的毛病。

不能將身心沒入事事物物的接觸中去體驗佛性之現成都是外道思想！是學而轉遠的錯誤觀念。

初學道必需全身心去應付萬法，來體驗佛性之現成，久而久之，成為無學進而成為絕學，無學並不是不要繼續學，而是學而沒有學，行而不存行之痕跡，作而沒有作之心跡，作而心無作，無作而無所不作，無學而無所不學。

身心以及萬法本來悉皆一如，然而心迷故自己身心不能統一，自他分離墮於自私起了三毒。若以聖行將理念之心與萬法復合為一，復歸本來面目的正位，這時候六根所感之一切皆當相即道。道即萬物之活動，亦即是萬物當體也。有物就有活動，活動即佛性，沒有活動道不現成也。

禪者云：不無修證，卻染污不得，不學佛道即墮外道闡提，故前佛後佛悉皆修證佛道，沒有行的修證不能悟到佛性之現成，現成之事事物物明明白白絲毫不紊，故云染污不得，修證如悟冰與水，迷時見冰是冰、水是水，不知去直認冰即水，由明眼人指示去體驗，悟時其冰不毀即知水之現成。

又如石化製品之布料以及器具等物，外行人是一竅不通的，經人指示予以試驗，用火燃燒後就會變成膠樣，即知其物是石化製品，以後一見就知道了，這與體驗萬物時的起心去悟到本性時相似。其體驗為行，其不知而知的覺性為悟。

一般的看話頭亦即是在念佛或靜坐時，起念當即認知性之現成的心。換句話來說，心是佛性之現成，若非出家之僧伽哪有時間不斷地靜坐，又在偷閒靜坐時沒有過來人指導，往往是枯坐，這枯坐是很危險的，不但不能見性，若精神頻率比較低的人，往往會被外魔侵擾，很多人靜坐了不久，會

聽到有神佛教他念咒作法，或會見到佛菩薩神等形像，大感歡喜而變成精神失常。又有坐的姿勢不正，影響脊骨歪斜等難治的症狀。

心學道

所謂心學道，即以一切諸心來學的，諸心者，質多心，汗栗馱心，矣栗馱心等等，心之名詞雖多，都以迷悟來命名，質多心是慮知心，汗栗馱心是草木心，矣栗馱心是真實心，又有菩提心，赤心、古佛心、平常心、三界一心、唯心，都是一心之異名。

人由感應道交而發菩提心，然後皈依佛陀之大道，發菩提心修行。人們若未發真正菩提心，而冒仿發菩提心去修學亦無妨，雖是冒仿假亦是真，因為心只有一個並無同時發生二個，假動作亦心所驅使之動作，都一律是發菩提心。這發心行動即是赤心片片、古佛心、平常心、三界一心、唯心。心並非臟腑之肉團心，是腦筋活動的思慮作用。

我人聽了善知識的説法，或看書，或閱讀佛經，或看人正靜坐修行而感歡喜，這就是感應道交，由心發起修行之動態，因歡喜而開始進行學道之第一步，亦可以説學佛道的因緣成熟而起了學道之心，初發心時一心一意，心無夾雜其他雜念，這時之心謂赤心，心住於佛道故前後際斷，云赤心片片。這心亦可以説，與萬法為一的體驗世界，心之體驗動態乃當相即道即佛性，這心與古佛同也，即是真正佛陀之心。古佛並非古昔之歷史人物，是指自古至今之真佛心，亦即是宇宙全體之大道心，佛性，心物不二之靈體。

從古至今活活潑潑創造萬物之心，是萬物生成活動之本性，亦名法身當體、法界體性、真如本性、佛性。無始無終故云古佛心，我人以及萬物之心亦不能例外，因我們迷著故，日用而不知，眾生普遍如此故，亦名平常心。

宗家所謂平常心是道，這平常心是無分別心，應該不是眾生心，眾生心是慮知心。

禪宗的大德趙州一日問南泉，如何是道？泉云平常心是道。趙州問：還可趣向否？泉云擬向即乖。趙州問：不擬爭知是道？泉云：道不屬知不屬不知云云。

這平常心是擬議的心，亦即是直覺的心，擬以思惟概念來把握這道是不可以的。道是時刻在流動的，真正體證其道是不屬知與不知的範圍。

普通所謂唯心，三界一心，是指認知一切萬物諸法之動態存在的心。這裏依學道境界而言，是精神統一之心，即將三界中事事物物之思惟心統一起來，只有一心，這時起觀察心之動態，這動態之原動力即是佛性，因為心是由佛性發生的，這原動力無形無相，必須藉心之動態去體驗直認，故學道應由心去學道。

學道的手段有多種，所謂方便有多門，有將身心放下來學道者，有拈舉來學道者，有思量來學道者，有不思量來學道者（即所謂放捨世俗之思慮心、邪心等等而成空無地學道），或提心來學道（即提起菩提心、古佛心、平常心來修）。而於心來學亦有運轉思惟來學，或完全超越思惟來學（所謂全部停止心意識的運轉來修學），本來學道沒有動思惟是不

可能的。

但以思量來學道時，這思惟變為不思惟，即以無思惟來思惟，即所謂思量底之不思量，否則即學不來的。

釋迦傳道時授錦蘭袈裟衣以為證據，迦葉受衣以作傳道之依據，這亦是學道，故禪宗單依師資相承外別無學道可言。真言宗家以灌頂作為師資相承，此外亦無傳法之別徑，這師資相承都是真正的學道動作。

又有驗證的學道，云汝得我髓的學道門徑，有三拜依位而立的心法，這是出於禪宗證道故事。

一日達摩謂門人說：時將至矣，汝等盍言所得乎！時門人道副曰：如我所見不執文字，不離文字而為道用。達摩云：

汝得我皮。尼總持曰：如我今所解，如慶喜見阿閦佛國，一見更不再見。達摩云：汝得我肉。道育曰：四大皆空，五陰非有，而我見處，無一法可得。達摩云：汝得我骨。最後慧可禮三拜後依位而立。達摩云：汝得我髓。果為二祖，傳法傳衣，這皆是心學道法門。

禮三拜是不思量之思量，依位而立即無思量底一物不毀，師是師，徒是徒，萬物依然明明白白地存在，心沒有絲毫間入雜念，一切都是心學道，以心傳心，以心學心，心是人之活動，能知一切萬物即心。故一切諸法皆是心。

想要出家、剃髮、著染衣等這都是心；另有回心與明心，回心即是轉迷執的凡夫回到佛心，將無明之心轉為明明白白的是明心。事事物物是心，若無此能看之心，哪知有被看之物。故萬物唯心，三界的精神感度依人而不同，這感度是心故三界唯心。

釋迦出家入山修行亦是心，山即所入，入即是入於道，這是思量箇不思量底，思量是希望，不思量是道。

前面所述之學道，亦即是這思量即不思量之體得，山為所入即是體驗之沒入，釋迦捨棄王宮的享受即是捨世，捨世即非思量，世即是我的世界，捨世即是捨我，故云入山。入是思量之不思量的現成，捨是非思量的現成，這思量即是非思量之端的。

不思量中雖有思量的一面，但卻是非思量之前提。超越這思量，非思量才是真正思量的現成，體驗雖是所謂超越思惟，但體驗決不離思惟，以通過思惟來體驗，才能動出體驗的思惟，這就是非思量，亦即是以心來學，亦即非思量來學思量。以無間雜之狀態去看思量心之動態。

禪宗大德藥山弘道大師一日坐次，有僧問：兀兀地思量箇什麼？師云：思量箇不思量底。僧云：不思量底如何思量？師云：非思量。

思量是心靈明自在，非思量是心不起他念，保持這當下之狀態謂之學，這狀態之本體即是道，所謂言語道斷，心行處滅，這是沒入於體驗之世界，全世界萬法即道之現成，凡夫大都有此境界的體驗，但日用而不知。

在修行上非思量之思量是凡夫初學之人的困難處，一定要明師指導。真言行人即以這非思量為起步，以意識思量來轉識為智。這工夫一作即當相即道，即事而真，因為直認萬物諸法即是道，當下的活動悉皆佛性，立地即身成佛。但對於佛性之靜態是禪與密都必要體驗的一著。密教的見性手段，可以説是特殊，以觀想胸中有一月輪，初如在薄紗中，漸漸地清而明，如秋天無雲的八月十六夜空之月，這時的心之狀態就是見性，亦都是思量之非思量的現成。

或入火生三昧，或入流水三昧等等廿五三昧，均能即時沒入於思量底之非思量，月輪現即見性，即是入禪那。

然要問：心是什麼？性沒有起用是沒有心的，心是性之現成，宇宙間森羅萬象，山河大地，日月星辰都是本性之現成，故一切事物皆是心，把握這個端的予以保任就是修。以理具的立場一切事物皆心，皆是佛性，牆壁瓦礫皆佛性之現成，但修行中沒入於萬法中時，心不知是心，心了不可得，有心去分析即變成葛藤，無繩自縛，成為學道之障礙。

發菩提心

所謂發菩提心就是發修證之心，一般所說的發菩提心是發起意欲修行之心，有人看到人命無常死亡的時候發菩提心，有人事業失敗看破世情而發菩提心，有人戀愛失敗而毅然發菩提心，有人聽了法師大德講經而發菩提心，有人厭惡生老病死而嚮往涅槃發菩提心，但這只是初發修道心而已，這種發心不能說是完全發道心。雖然在命相中可窺見人出家成分，然不一定就會出家，有些人出家是一種逃避性質，不能說是真正發道心，往往一段時間就還俗了，這種人還俗後對於道心是渺無蹤跡的。有人身為家庭環境所迫無法出家，但其人早已發道心，日日生活宛如高僧般地辦道。

這裏所說的發菩提心是指證道當時的心，這才是道心。

這道心並非限於某些場合才會發的，人之心中本然就有這種心，在修證的過程中忽然會發此菩提心，這道心未發之前是思慮心，不名菩提心，菩提心還是假名，只是證道之境界而已，故不屬有不屬無，不屬善不屬惡，亦不是無記，不是報地，不是緣起，只是時機的問題。

若沒有初發心去修行，亦無法體認這菩提心，但亦不是得天獨厚天資高的人才能發菩提心。只有發非證不可的心，不斷地向大德們請求開示，時機一到必定會發此真正菩提心。

上述一般所說的發菩提心是淺義的發道心，真正的發菩提心是體驗的心，萬物與我自他一如體驗之心，古人所謂初發心即到是指此。這心是見性之心，宇宙一人之心，乾坤獨步之心，人境合一之心，是小我融入大我之心。這心不論在何處都可以發的，在地獄的境界可以發，在餓鬼境界亦可以發，在畜生境界亦可以發，在修羅境界亦可以發。這心發時是赤心片片的，見到萬物之當相沒有流動相的，是前後際斷的，不是連續的，是全機現成的。古人云：荷葉團團團似鏡，菱角尖尖尖似錐，不加思索之當體現成。又云：風吹柳絮毛毬走，雨打梨花蛺蝶飛，當下之境現成，是直覺的境界。

這心就是前述的古佛心，昔時有僧問大燈，什麼是古佛心？師云牆壁瓦礫。但要注意，不是牆壁瓦礫其物是古佛心，是我心一見牆壁瓦礫時之心，這心是體驗之心，不是概念或思慮心，是自己沒入於其中自他不二之心，這才是古佛心。

這古佛心之端的就是平常心，不是凡夫日常的思慮心之平常心。不是此岸彼岸之對立心，不是眾生諸佛之對待心，不是過去心，不是未來心，不是現在心，過去已去，未來未至，現在剎那遷移，古佛心是無住著去應對現成之心，亦即直覺之心。

身學道

一般都認為只有心學道，所謂是心是佛，佛是心，以心作佛，但沒有赤肉團的身體怎能出生心來，心是由身心不二的現成。由身體去修行才能悟到佛性、道，故云體悟、體證、體得、體驗，都是以身體來驗證的，普通科學家或做文章的人往往沒有注意到身而傾向於心，單用心去思考是概念不是體證，這不能說是學道的，無論什麼都要身來學。所謂身有小身與大身，大身是以宇宙萬物為一的身，小身是宇宙萬物中之不足道的自己小我之身。見性悟道是體證我即是道的大身，故要證得大身須由小身去修行才能體得的。這學道體得的大身即是真正的身。

修行而體證時宇宙萬物悉皆成為我身，這是小身以忘我而沒入於諸法的大身，即是真身之現成。

這身是光，實際上成了大身的人，全身是光炁，一般人一見其威嚴之光炁，自然會低頭，的確是不可思議。

這真身由學道得來，無論是心學道或身學道，都是由身體去學道的，是種身心一如的學道，修行時以身心一如去學道而得到身心一如的現成。

迷時身心依理而言，雖是佛，但自身是佛不知佛，這知不是概念之知，是體驗之知。由學道而親身體證本來是佛，這時才是真實的佛身，這時盡十方世界是個真實人體，全世界收納於一人之身中，全世界即是身體，雖然是一軀肉身，但這時都是沒入於體驗世界的身體。

這真實的人體內容即是生死去來之身體，身體並非固定之身體，是剎那生滅的身體，由此而來，由此而去的流動之身體，方是真實的人體。

以此小身體為本，捨去十惡，堅守戒律，皈依佛陀，捨去俗緣出家，才能真實學道，故云真實人體，不可以自然外道之見解認為一切皆是自然，以為本來是佛不必修道，這是止於理念而已，沒有修行學道是不能體證的事。

所謂捨俗是忘卻自己，學道即身，沒有學不能得到身，身即學學即身，因為是即身成佛故，必需以身去學道，得到體證時，才是即身成佛的現成，這體證才是學道之重要點，修證就是學道。

禪宗大德百丈懷海禪師說，若執本清淨本解脫自是佛、自是禪道解者，即屬自然外道，這決非亂說的，教家講理雖是必要，但實即非也，因為缺乏實證也。

學道是積功夫累道行，如車之兩輪，如人之兩足，然後才能自由自在，而身心脫落無罣礙，體證後並非脫離社會，是如藤纏樹相倚為命，相互相成，因為社會是自他為一故才能生存下去，而且修道是以萬物諸法來修證自己的，開悟體證之後順隨世緣，有時機緣成熟，遇可度者度之，應為其說法者說之，有時應捨身者捨之，以萬物為我而作遊戲三昧。如果自威音王以前就證悟了，亦是沒有止境地行道下去，自無始劫至未來劫都是不間斷地學道修行才是佛行，佛佛祖祖

皆是如此，並非證了就不必修了，道是無始無終地運行養育萬物，學道是學其道，道無止境故學無止境。《理趣經》云所謂發菩提心，則為於諸如來廣大供養，救濟一切眾生，則為於諸如來廣大供養，受持妙典，則為於諸如來廣大供養，於般若波羅蜜多受持讀誦自書教他書，思惟修習種種供養，則為於諸如來廣大供養。

上述供養乃是日常活動，不為自私自利而活動即是行道，即是如來理體也，即是道也，自他都是理體是道之現成，故活動即供養也。教化眾生即是道，為眾生服務即是道，這就是學道修道行道，盡十方世界即我之大身，即是真實人體也。

真實人體是天下間事事物物當相一塵不毀的體驗，並非量界空間的廣狹，盡十方界是沒有空間界限的，是人之體驗的動態，是人生之當相萬物之現成。如八萬四千之說法都是蘊聚，佛教說：人有八萬四千煩惱，為了對治而佛說八萬四千法門，一一法門都是為一一不同煩惱的人說的，能說都是人，即是人體，亦即盡十方界。

又有八萬四千之三昧破八萬四千之煩惱蘊，三昧是沒入的體驗，其境地之心動態就是三昧，亦是道之具現，即盡十方界是八萬四千之說法，亦是道之現成。

又有八萬四千陀羅尼，陀羅尼是念誦之時直即會成佛之神秘咒語，亦名明，亦名真言，所謂真言是真實之語言的具

現，語言從心出，心是佛性之現成，佛性即道即菩提，這語言是法，亦是人體，亦是十方，說八萬四千就是轉法輪。普通說轉法輪乃是轉佛法，這亦都是佛道之現成。

法輪之轉處是亙界亙時的，是遍十方界而無始無終，永劫沒有間斷的，這即是體驗，這體驗有處所，這處所就是真實人體，是由學道而得來之吾人的身體，亦即學道得來的道體，由這身體轉法輪之處，即盡十方界，不外是永遠之未來的今之體驗，這世界不是地球，是人之體驗的時空動態，這世界是人創造的，而盡十方界的真實人體即是現在之汝，今之我，換句話說就是於今如實體驗之活動的我，於今體驗動態之汝了。總之體驗的自他就是盡十方真實人體，遵循這樣的方法去學道才是真實學道，是永劫無窮盡的亙時之學道，無論三大阿僧祇劫、無量阿僧祇劫，捨身受身都是繼續不斷。阿即是「阿字本不生」的空性，或云無盡，僧祇是數，劫是長遠的時間，即無量無數的時間，雖經無量無數次之死而再生都是繼續地學道、行道。捨身是忘卻自我，忘卻自己去學道，由此才能有自己的現成，這叫做道環，周而復始的意思。

在循環無斷的學道過程中雖有進步或退步，但其學道活動都是修證的現成。禮拜問訊亦是學道，舉止動作威儀都是道之現成，都是自己之學道，因一舉一動現出人格之威儀，就是修道。

但有寂然不動的學道，所謂枯木畫圖、死灰磨磚！寂然

不動比喻枯木，兀坐不動喻畫圖的丹青，死灰不燃喻灰身滅智，磨磚作鏡豈照像，這種盲修瞎煉的寂然不動之學道，事實不能體證，這是因為未逢大德指示不能得到真實活動的學道。雖是宴坐水月道場，降伏鏡裏魔軍，但有學道之意，會自思是日已過，命亦隨滅之慮，但都不管一直無間斷地修下去，時機成熟自有明眼人來指點，所以學道是幽遠的，要有耐心才行。

古人云未明心地莫入山，應該捨俗出家之前要多方參問大德，很多人捨俗出家無師自煉，看來似已離浮世，悄然離開人里入山端坐，的確有一派學道的風貌，不與世人交往，不知以萬法來修證自己的秘法，這與樵夫沒有什麼不同，哪有特別殊勝之處，出家獨自枯坐生活清貧，亦與普通之農夫百姓相同，很多這種人隱入深山愈深愈好，恐怕被人家發現攪亂心神，到頭來是坐成臭骨頭，民間信者以為是大修行人，極其尊重如見佛陀一般大行供養，這種修行人之中很多著魔，有人看見觀音菩薩現前來指點，或無形中有人傳音教他如何修習，還有修密宗的人宣稱見到本尊，這不但是笑話，真是魔鬼戴上帝的假面具來欺騙世人。甚至在這廿世紀人類已進入太空的時代還非常吃香呢！嗚呼？

學道的人事先要識得方法，然後一心去修，不能認為我已經得道了，就到處去誇耀討論述悟，或以為我已通達了，其他的人太可憐了，就極欲向他說法擬度其成為弟子，其實

自己還未修證而先發出悲心，這就是愛見悲，是障道的心魔，應徹底放下，努力去修，不可談邪正真偽，這種心理不是修道。辯論是非是是非人，會墮落意識概念的窠臼，自己去追究其善惡邪偽之根源出處，亦即自己之心的動處，由這動處去體證佛性之現成方是學道。很多五角買來三角就賣出去，蝕虧了本還不自知，故不可停滯於辯論。

前述的盡十方界即真實人體，不是指虛空的空間，不要誤認，人們雖然在這世界中，應觀念全世界是自己，才是真正盡十方界真實人體。

真言宗家把全十方世界的曼荼羅觀在自心月蓮上，諸佛菩薩六道眾生，包括動植礦物不漏入一滴盡在自心中，這方法是密教的特色，在生活上將自己融入大眾中，如道場觀時自己與佛入我我入成為宇宙一人來體驗盡十方界的體驗世界，這才是道之真正的世界，以全入於箇的體驗世界。

故十方即轉法輪也，轉法輪即真實人體之活動，亦可以說：盡十方界在主觀表現，人體雖有自他之罣礙，但以盡十方界來論，即人體之自與盡十方界之他是箇一，以道體來說自他是不一不異的，是一如的，今之汝與今之我悉皆盡十方界之真實人體，這是根本問題，這道理若悟得，雖然汝我有差別，根本是平等無差別的，故云萬物與我同根，乾坤一人也，將自己沒入於全的道體，才能體驗真實人體的具現。

總而言之修證佛道是希望消除煩惱，證道而體合涅槃又

不住涅槃。所謂涅槃者即宇宙常住之體性，並非灰身滅智，就一般而言，為引導苦海之迷者，故說現象是諸行無常苦空，生滅滅已寂滅為樂，來引導發心修行，為此往往有墮於厭世主義者。所謂寂滅即涅槃體，並非空無所有之謂，涅槃當體即真如本性、佛性、如來理體，理體是出現萬物之根源，此法界體性動靜無常，故現生之萬物當體無常也。

菩薩住此涅槃境地即入無畏地，不畏貪恚愚癡，不畏生死老病的生滅法，亦不畏惡道、地獄、畜生、餓鬼的境界，到處作主隨喜，無所謂怖畏也。

人類是萬物之靈長，擁有超越的思考能力，也有善惡之觀念與行為之別，利人即為善，害人即為惡，善即自他有利，惡即自他不利，故需要有宗教來勸善滅惡，因此人類是不可一日無宗教的。

善惡大小有殊，最不能諒解的惡有二種，所謂阿修羅道，這並非指方立向有所其人，在人類當中有此性情者皆謂阿修羅，譯為無酒，好鬥，它不得飲酒，一飲酒內心潛在的暴躁性大發如火中燒，迷醉時不審好歹，親人朋友者視若仇人，而生好鬥之心，舉刀亂殺，連親人好友都照殺無誤，吾人的社會是時常看到的，這不止是俗流之輩，鼎着博士頭銜者，身為人民代議士，西裝革履，都在國會殿堂大操干戈，實是衣冠動物。這可謂惡。

又有所謂闡提者，聽人們説教不知自愧而惱羞成怒向人

大討便宜，誹謗大乘方等經典，目中無人好像無政府主義，犯四重禁，即戒條中之四波羅夷罪，一般所謂淫、盜、殺、妄語。男人以小便處及口二道為淫處，女即以大小便處及口三處為淫處。

密教之四波羅夷，上述四重禁之外，另立四種，一捨正法，二捨菩提心，三慳吝勝法，四惱害眾生，此謂三昧耶戒，若不守三昧耶戒者學佛不成。

人類中有十界，乃心法界也，即地獄、餓鬼、畜生，此為三惡道；次人道，人道中六道善惡均有，另外天道即屬善道，而修羅道在人天畜生之間，以上合稱六道；由善道而發心修行即能成就四聖，其中聲聞、羅漢、菩薩、佛為四聖道，合之謂十法界。人天等六道分為三界，是依修行之心的昇華程度來說，有如柔道的段數般。三界者一欲界、二色界、三無色界，這界是凡夫心的五蘊之淨化層次，未曾淨化就有蘊聚單位，而成為輪迴種子，故名為有，欲界十四有，色界七有，無色界四有，共三界廿五有。羅漢是以定力工夫伏住心之活動，所以如果喜樂寂滅相的就會住於阿羅漢果，其定力盡即醒來，如矢射虛空力盡矢還墮。菩薩住無所畏地，混光和俗，在塵而不染塵如蓮花在泥中不染泥，又如鶴立雞群、花在蓬草中一支獨秀。

密教行者由大阿闍梨指導及授與灌頂即住佛位，立於菩薩位地去修佛道，修得廿五三昧，即時可壞三界廿五有。

所謂禪思想有二傾向，一是上述的以萬法來修證自己的生活禪，一是以定力來進入真空正位而住的禪，前者是菩薩的活禪，後者是厭世的寂禪。但禪是無門為門的直入法門，非大根大器是非常難入的，密是有門可修的法門，若得到密法的傳授乃能橫超，從空出有，這時之有即妙有，若修廿五三昧斷廿五有就可以不離父母所生身，即身成佛位。

一般學修需修三大阿僧祇劫才能成佛，密之三大阿僧祇劫即是貪瞋癡三毒的象徵，凡夫之三毒是小我自私，聖人之貪瞋癡是擴大的，貪自己擴大為貪愛宇宙眾生，為眾生難調而瞋，為愚夫而獻身於教化服務為癡，縮小即為毒，擴大變為德，大小差別聖凡懸殊。

這三界廿五有即是迷昧凡夫之貪瞋癡三毒蘊聚，皆是人體之眼耳鼻舌身意所收之色聲香味觸諸法之蘊聚，故名五蘊，《心經》云行深般若波羅蜜多時照見五蘊皆空，其實五蘊非真業非有，能觀與所觀是心，心迷故非真認為真，如照相的底片，看來是有的，摸之實無，這蘊聚就是人之靈魂，能收納之心迷時是識，悟時是智，智是透視事物當相空理之識體，故密教裏六大中之識大不名智大，若將一切歸於智時即見一切皆空，那麼就無法辦事了，因為我們的經驗、感情、所有學問是後天外來的。真言行者則用以毒攻毒的手段，如上述不滅貪瞋癡而擴大貪瞋癡，有如人不知水性者見水為苦海，而知水性者視為游泳池，迷人視人間為苦海，悟者以人間為

道場佛剎。迷者恐怕靈魂消滅，等於喜歡迷界之輪迴，悟者雖保持靈魂，但以此來大作佛事。凡夫感受苦痛煩惱之靈魂，猶如身體某部分受傷而結成血瘀，致使氣滯不通而痛苦，以禪功之空藥癒化之，氣血流通苦痛就沒有了，但這時人的心之動態，如癡如醉，不能行道利益眾生，所謂獨善其身之自了漢，不名菩薩。如果連身體都化掉了，這時則入正位為理體如來，但如來德性無常而生化萬物，人雖歸大靈，卻又分為萬物共有，這時還是如來的等流身，亦就是平等流出之身。真如不守自性而生萬物，從萬物面是眾多之生物，以如來這面來看是大身。我人可以將這小身留住而精神融入大身去活動，所謂佛不離世間覺。

因為迷昧之凡夫心態各不相同，佛為此廣開八萬四千法門，門門透長安。章前所述的是八萬四千法門之濃縮，但禪是無門為門故不一定人人能接受。真言行者將三界廿五有八萬四千法門縮為廿五三昧，修之即身成佛，若大根大器者不必摘枝尋葉，有金胎一炁即身成佛三摩地法，二千五百餘年前佛已發明，可與廿一世紀科學齊駕並驅，是最古老而最新的絕技，修此三摩地法並非寂然不動的寂禪，是以一切煩惱化為智慧之靈丹，不論士農工商不礙崗位，真是攪長河為酥酪，煅大地為黃金之絕學。

若自感根器低劣，則可依其環境習氣去選擇廿五三昧中之一種修之，亦可即身成佛。廿五三昧如下：

一、修得無垢三昧，能壞地獄有。
二、修得無退三昧，能壞畜生有。
三、修得樂三昧，能壞餓鬼有。
四、修得歡喜三昧，能壞阿修羅有。
五、修得日光三昧，能壞弗婆提有（東勝洲，又名弗鞞陀提州）。
六、修得月光三昧，能壞瞿耶尼有（西大洲，又名西牛貨州）。
七、修得熱炎三昧，能壞鬱單提有（北拘盧洲，名勝生，以定故壽千歲衣食自然）。
八、修得如炎三昧，能壞閻圖浮提有（南贍部洲，為四惡趣）。

九、修得一切法不動三昧，能斷四天趣有（六欲天之第一趣）。

十、修得難伏三昧，能斷三十三天趣有（即忉利天，為欲界第二趣）。

十一、修得悅意三昧，能斷閻摩天有（善分天，時時受快樂，又謂息災天）。

十二、修得青色三昧，能斷兜率天有（五欲知足，依空而居，此一晝夜人間四百年）。

十三、修得黃色三昧，能斷化樂天有（六欲天之第五，此一晝夜人間八百歲）。

十四、修得赤色三昧，能斷他化自在天有（六欲天之第六，為欲界之主與色界摩醯首羅天，皆是害正法之魔王，人們要成道時前來測試而障害者，天魔也），以上為欲界十四有。

十五、修得白色三昧，能斷初禪天有（四禪天之第一，色界天之離欲，色界初禪有三天，一、梵眾天，二、梵輔天，三、大梵天，即清淨義）。

十六、修得種種三昧，能斷大梵天有（初禪中之最高者，為色界第一）。

十七、修得雙三昧，能斷二禪有（為色界天之第二，此有三天，一小光，二無量光，三光音天）。

十八、修得雷音三昧，能斷三禪有（色界之第三禪天，名定生喜樂，深妙之禪定生身心之快樂，三界九品中以此天為樂受之極限為三界中第一）。

十九、修得住注雨三昧，能斷四禪有（色界四禪天，無鼻舌二識，唯眼耳身意，喜受與意相應）。

二十、修得虛空三昧，能斷無想有（無想有情之天，第四禪廣果天）。

廿一、修得照鏡三昧，能斷淨居天，阿那含有（名入流，不還不來，斷欲界煩惱之聖者，當來不生欲界，此天有四，一須陀恒、二須陀含、三阿那含、四阿羅漢，此即其第三阿那含果）。

廿二、修得無礙三昧，能斷空處有（以下四空處為四有，屬無色界天，無色界第一）。

廿三、修得常三昧，能斷識處有（無色界天之第二）。

廿四、修得樂三昧，能斷不用處有（無色界天之第三）。

廿五、修得我三昧，能斷非想非非想處有（無色界之第四）

以上無色界四有。

三昧即三摩地法，以意識來轉智的密法，應向有成就之阿闍梨求授之，自修外依阿闍梨之加持灌頂亦有必要的，這種加持是入我我入的念波加持，將師父的境界心態注入弟子心識中，弟子的心境界變成與師心態相應不二。

行

佛威儀

前面有時說心學道，有時說身學道，有時說身心學道，為恐初學佛人固執物質面故，極力地說以心學道，但最終都是身心不二的學道，身之動作是由心支配，心是身體所衍生出來的，沒有身體是不能修行學道，故身之威儀即是行佛威儀，行佛即是佛之行動，故行即佛也。威儀亦即是人格之表現，行足威儀即是佛。

行佛不是報佛，不是化佛，不是自性身佛，不是他性身佛，亦不是始覺本覺，亦不是性覺本覺，如是等諸佛不可以行佛相提並論，行佛是全機的現成，若不如是即尚未脫離佛縛、法縛，而成為佛魔、法魔等類。

所謂佛縛者，即是對於菩提之知見尚未通達導致錯解，即所謂邪見，無繩自縛也。把概念性的菩提直認為是菩提即是邪見也，不知當體之行佛即是菩提而生佛執、法執，即如樹倒藤不枯一樣，藤綿延地纏縛甚至茂盛，這都是生活於佛邊的窠窟中，以為我與佛同住於平等地的邪見人，根本不能顯出佛之本質的法身，亦所謂法身病態，從而無法將真正的佛智顯現活動出來，亦所謂報身困窮，而不知不覺真正行佛之道。

教家、經師、論師等所說的佛道、佛法，只是遠聞的概念，即於法性起了法性見，這就是無明，教家說法性起法性見，不言法性縛，這才是無明的重縛，不知有法性縛的人只是停於隔岸觀佛狀態，離佛遠矣。自己若知有此法性縛，即

可發菩提心之種子，行佛即是已經脱離此縛的生活行為。

無明縛即是沒有全機現成的行動，僅止於概念性認知的心態，依字義而言即是不了解，不明事理之謂。若換個理念來説，或云無明即涅槃，或云無明即菩提，或云無明實性即佛性，那麼這無明是種渾沌狀態，如人睡眠時亦是人，醒來時亦是人，但睡眠時是渾沌的無明狀態，醒時是覺體現成的明之狀態，故有無明對覺的出現。

但對於修行的人而言，身體五根的知覺當體不知是佛性之現成，對於佛性生起尋求想的概念思惟方式，這叫做無明、渾沌，若知此為無明的念頭存在還是無明，可以説這無明不是放在內，就是放在外一樣，其實自己以外並沒有什麼無明，要將無明轉為明沒有別法，只有把自己全身沒入於無明渾沌中去，只有無明，外無別物，這時才是真正轉無明的明為覺。一般初學者會感覺念頭很多，要念誦阿彌陀佛來壓制此念頭，其實這念佛的念亦是雜念，雜念來時一知覺，雜念就變為覺了，心只有一個，一起邪念而卒然一覺，邪念就變成覺體，不必頭上安頭，這卒然一覺的時候就是全機現的。

古德云若知自己是罪惡最深重的人即是真正的覺，自己以外去處理無明即成無明縛，自己沒入於無明中，無明即成為體驗的世界，將無明置於外就成了縛了，自己沒入無明，自無無明的內外存在，當體就是覺了。

這時候才知無明就是真如，真如即無明，將自己沒入於

體驗世界即所謂人境一如，盡十方界即成真實人體，這體驗只有「行」，此外沒有別的方法。古時禪德臨濟立了四個方法，有奪境不奪人，有奪人不奪境，有人境俱奪，有人境俱不奪，初行道時將自己沒入於渾沌的體驗世界，大概都屬於人境俱奪的境地。

《法華經》中說：我本行菩薩道，所成壽命今猶未盡，復倍上數也。這段文句一般解釋為，我本來為修菩薩道，故所成之壽命至今而猶未盡，尚且還有加倍無數也。這種解釋過於淺腐，應解釋為，我的本地是行菩薩道者，所做的事業而今還未休止，還要倍加努力。

行佛道行菩薩道是沒有止境的，故壽命猶未盡。已成法佛者當然與宇宙為一，壽命哪有數量，未成佛時的菩薩行是不可中斷的。日日的修行是全所成的全壽命，菩薩以「行」為壽命，自古至今一直地修行宛如一條鐵鍊，但其日日修行就是壽命。如世人從事政治的生涯當中即為政治生命，政治不做了，就是政治生命終結。

行佛就是行菩薩道，菩薩道無始無終，故菩薩的壽命無始無終。以行者而言不必罣礙什麼壽命，只有拋卻百年壽命的觀念不斷修道就是了。這種乾坤任縱橫的菩薩道行儀心態看來確實很迷人！

古德云修證不無，污染卻不得，修證當下即是行佛了，禪宗大德曹溪六祖云只此不污染，是諸佛所護念，汝亦如是，

吾亦如是，乃至西天諸祖亦如是，然即汝亦如是故諸佛也，吾亦如是故諸佛也。誠不屬汝，亦不屬吾，不用去執著修證之有無，即是不污染，如吾是吾諸佛所護念，如汝是汝諸佛所護念，此即行佛威儀也。吾亦之故，師勝也，汝亦之故，資強也，師勝資強即行佛之明行足也。因為我亦是諸佛，汝亦是諸佛故，不得立汝吾之別，這是體驗世界的狀態，若有對立即是污染了。所以修證並非教家、經師、論師等的概念心態，所謂性啦！所謂相啦！本啦！末啦的問題，是自他融為一如的行佛威儀。

這一舉一動的行儀就是佛之現成，沒有行佛威儀就沒有佛的現成，行當體就是佛，故於行佛之間自然有佛的現成。

這行佛中有為法而捨身者，即所謂將身投入於法中，有為身而捨法者，即為萬法一如之身而捨所執著的法，有不惜凡夫之身命而惜宇宙六大之法身身命者，不但為佛法而捨邪法，亦有為佛心而捨偽法之威儀，所謂捨無量的執著心。行佛威儀中不可以拈佛量來測量大道，即所謂不可以心中有個佛的觀念存在去擬測道體，古德云佛量是止於一隅，如花開而已。亦不可以心量來摸索威儀，不可擬議也。

有概念的心量是一面的，譬如人間世界的一莖之草，能夠透視其中之宇宙觀，這才是明明的佛祖心量，若僅以普通的草木去認知行佛之蹤跡，那只是極限的片面而已。

古人云花開世界起，所謂一言花開，大家都認為是春天的印象，這都是止於一面的淺見，一年四季春夏秋冬，豈止於春天才會開花，這種觀念不能展現全部之春，因為春天才是花開的時節的概念已成固執，一年中豈止於春天才會開花，有夏天開的，有秋天開的，有冬天開的，所以用概念的心去摸索威儀即行的具體活動是不可以的。若善能見徹行佛威儀，才能體悟真正包容事事物物的體驗的一心量。

若以行佛之動靜相來測試即會成為固定，亦是不可能測量道體之謂何物。因道體是無量而無限大的，是過量的，不可以固執的心量去測量行佛威儀，是不及量而使不得的。

對此行佛威儀還有一值得探究的地方，所謂行佛，就是即佛即自，當然是行的自己，故云行佛，行故才會現成佛，以目前的所有事事物物，一物不毀地現成，以前所謂吾亦汝亦的威儀現成，即如是來，如如來，如來的現成，佛的現成。所謂行佛威儀，不外是即佛即自的端的之現成，「佛即行」即如如地現成處，就是吾亦汝亦然了。

《法華經》中有云：唯佛與佛乃能究盡，次又云：唯我知是相，十方佛亦然。自己沒入於他故自他一如，自他都是佛故，吾知即十方佛亦知，一切事物的體驗即是自己，故唯我能知是相，十方佛是自己與萬物一體也，唯我能也，這是身心脱落的境界——無我。行佛威儀即依唯我能來現成，要體取體會，即需將自己一切放下捨掉，沒入於事事物物之中，以他為我，以之而行來體驗。

若言要保任，初學時的確有點困難，但是要知道諸法、諸身、諸行、諸佛，這行儀是不得參雜別念進去的，只有一味投入才成。亦不得變成癡人，或像植物人，不見一物、不見一法的空無心態，這種心態會墮入灰身滅智，應該事事物物明明白白一物不毀，當相當下去接觸體驗這體證的當時之自內證，亦即自受感覺，此能覺之心與所覺之物，當下直認這是佛性。

我人在日常生活中，在嬉戲時一心嬉戲不間入別個念頭，即所謂直入遊戲三摩地，見華時一心賞花之嬌艷妙諦即入華鬘三摩地，在唱歌或聽歌時一心投入即入歌唱三摩地，在觀舞或跳舞時身心一切投入即入舞蹈三摩地，寫字有寫字三摩地，繪畫有繪畫三摩地，故有書畫道之名，泡茶有泡茶品嚐三摩地故曰茶道，打拳有打拳三摩地故有拳道之名，事事物物皆道，一切活動皆有三摩地，凡夫日用而不自知罷了。換言之即在一切活動時將全身心投入，無我地做去即是行佛威儀。一般通常都不能專心，不必要的妄念橫生，故在道中而不知道。

應該在做事當中要專心，而休息時好好念咒，我為太空，太空即我，我是太空之混化物，我已無念無想無罣礙，無罣礙故無有恐怕，無有一切煩惱，我已成乾坤一人。這咒非常有力不可思議。

平常時接人待物，該事來即應，事去勿留，以無住生心

來保任悟境，瓜熟蒂落，水到渠成，這行儀不是硬性的壓抑，不需要的念頭起時，應時一覺念頭自殞，如像龜伸出頭，用指一點其頭自縮。妄念亦是心，壓抑之念亦是心，以妄打妄是多餘的煩惱，古人云不怕念起只怕覺遲，念起是病不續是藥。

附錄——《一真法句淺說》

悟光上師《證道歌》

一真法句淺說

嗡乃曠劫独稱尊，大毘盧即我身，時窮三際壽無量，體合乾坤唯一人。（文）

嗡又作唵，音讀嗡，嗡即皈命句，即是皈依命根大日如來的法報化三身之意，法身是體，報身是相，化身是用，法身的體是無形之體性，報身之相是無形之相，即功能或云功德聚，化身即體性中之功德所顯現之現象，現象是體性功德所現，其源即是法界體性，這體性亦名如來德性、佛性，如來即理體，佛即精神，理體之德用即精神，精神即智，根本理智是一綜合體，有體必有用。現象萬物是法界體性所幻出，所以現象即實在，當相即道。宇宙萬象無一能越此，此法性自曠劫以來独一無二的尊，実、故云曠劫獨稱之。此体性的一中有六种不同的性質，有堅固性即地、地無非一味，其中還有無量無边屬堅固性的原子，綜合其堅固性假名為地。是遍法界無所不至的，故云地大。其次屬於濕性的無量無边德性名水大，屬於煖性的無量無边德性名火大，屬於動性的無量無边德性曰風大，屬於容納無碍性的曰空大。森羅万象，一草一木，無論動物植物礦物完全具足此六大。此六大之總和相涉無碍的德性遍滿法界，名摩訶毘盧遮那，即是好像日光遍照宇宙一樣，翻譯大日如來。吾們的身体精神都是祂幻化出來，故云六大毘盧即我身。這毘盧即是道，道即是創造万物的原理，當然万物即是道体。道体是無始無終之灵体，沒有時間空間之分界，是沒有过去現在未來，沒有東西南北，故云時窮三陳的無量壽命者，因祂是整個宇宙為身，一切万物的新陳代謝為命，永遠在創造為祂的事業，祂是獨單的不死人，祂以無量時空為身，沒有與第二者同居，是個絕對孤單的老人，故曰体合乾坤唯一人。

虛空法界我独步，森羅万象造化根，宇宙性命元靈祖，光被十方無故新。文

祂在這無量無邊的虛空中自由活動，我是祂的大我法身位，祂容有無量無邊的六大体性，祂有無量無邊的心王心所，祂有無量無邊的万象種子，祂以蒔種，以各不同的種子與以滋潤，普照光明，使其現象所濃縮之種性與以展現成為不同的万物，用祂擁有的六大為其物体，用祂擁有的德智精神（生其物）令各不同的万物自由生活，是祂的大慈大

悲之力、祂是万象的造化之根源，是宇宙性命的大元灵之祖。万物生从何来？即从此来，死从何去？死即归于彼处，祂的本身是光、万物依此光而有，但此光是穷三际的无量寿光。这光常住而遍照十方，没有新旧的差别。凡夫因执于时方，故有过去现在未来的三际、有东西南北上下的十方观念、吾人若住于虚空中、即三际十方都没有了。物质在新陈代谢中凡夫看来有新旧交替。这好像机械的水箱依其循环、进入来为新、排出去为旧。根本其水都没有新旧可言。依代谢而有时空、有时空而有寿命长短的观念，人们因有人法之执、故不能窥其全体、故迷于现象而常沉苦海无有出期。

、隐显莫测神最妙、璇转日月贯古今、贪瞋烦恼我密号、

生殺威權我獨興 文

毘盧遮那法身如來的作業名羯磨力，祂從其所有的種子注予生命力、使其各類各各需要的成分發揮變成各具的德性呈現各其本誓的形体及色彩，味道，將其遺傳基因寓於種子之中，使其繁愆子孫，這源動力還是元靈祖所賜。故在一期一定的過程後而隱沒，種子由代替前代而再出現、這種推動力完全是大我靈体之羯磨力，凡夫看來的確太神奇了，太微妙了。不但造化万物，連太空中的日月星宿亦是祂的力量所支配而旋轉不休息，祂這樣施與大慈悲心造宇宙万象沒有代價，真是父母心，吾們是祂的子孫，卻不能荷負祂的使命施與大慈悲心，違逆的眾生真是辜負祂老人家的本誓的大不孝之罪。祂的大慈悲心是大貪，眾生称

貢祂的本誓、祂會生氣、這是祂的大瞋、但衆生還在不知不覺的行為中、如有怨嘆、祂都不理而致之、還是為我們衆生好了地生活着、這是祂的大癡、這貪瞋癡是祂的心理祂本有的德性、本來具有的、是祂的密號。祂在創造中不斷地成就衆生的成熟。如菓子初生的時只有發育、不到成熟不能食、故未成熟的菓子是苦澀的、到了長大時必須使其成熟故應與以殺氣才能成熟、有生就應有殺、加了殺氣之後成熟了、菓子就掉下來、以世間看來是死、故有生必有死、這種生殺的權柄是祂獨有、萬物皆然、是祂自然興起的、故云生殺威權我自興。祂恐怕其創造落空、不斷地動祂的腦筋使其創造不空成就、這些都是祂為衆生的煩惱這煩惱還是祂老人家的本誓云密號、本有功德也。

六道輪迴戲三昧，三界匯納在一心，魑魅魍魎邪精怪，妄為執着意生身。」文

大我佛性的創造中有動物植物礦物，動物有人類、禽獸、水族、蟲類等具有感情性欲之類，植物乃草木具有繁衍子孫之類、礦物即礦物之類。其中人類的各種機能組織特別靈敏，感情愛欲思考經驗特別發達，故為萬物之靈長、原始時代大概相安無事的，到了文明發達就創了禮教，有了禮教擬將教化使其返樸歸真，創了教條來縛其不致出規守其本分，卻成其反造成越規了，這禮教包括一切之法律。法律無非道之造化法律，故百密一漏之處在所難免，有的法律是保護帝王萬世千秋不被他人違背而設的，不一定對於人類自由思考有幫助，所以越嚴格越出規，所以古人

沒礼出有大偽、人類越文明越不守本分，欲望横飛要衝出自由，自由是万物之特權之性，因此犯了法律就成犯罪，罪是法沒有自性的，看所犯之輕重論處，或罰款或勞役或坐牢，期間屆滿就無罪了。但犯了公約之法律或逃出法網不被發現，其人必会悔而自責，誓不復犯，那麼此人的心意識就有洗滌潛意識的某程度，此人必定還会死後再生為人，若不知悔但心中還常感苦煩，死後一定墮地獄，若犯罪畏罪而逃不敢面对現实，心中恐懼怕人發見，這种心意識死後会墮於畜生道。若人欲望熾盛欲火冲冠，死後必定墮入餓鬼道。若人作善意欲求福報死後会生於天道。人心是不定性的，所以在六道中出沒沒有了時，因為它是凡夫不悟真理才会感受苦境。苦樂感受是三界中事，若果修行悟了道之本體，而道合一入我我入，成為乾坤一人的境界、向下觀此大道即是建出強的現像。都是大我的三昧遊戲吧了。能感受所感受的三界都是心，不但三界，十界亦是心。故三界匯納在一心。魑魅魍魎邪精怪是山川木石等孕育天地之靈氣，然後受了動物之精液幻成，受了人之精液即能變為人形，受了猴之精液變猴，其他類推，這種怪物即是魔鬼，它不會因過失而懺悔，任意胡為，它的心是是一種執着意識，以其意志而幻形，此名意成身。幻形有三條件，一是遊質，二是念朔材質，三是物質，比如說我們要畫圖，在紙上先想所畫之物，這是遊質，未動筆時紙上先有其形了。其次提起鉛筆繪個形記稿，此即念朔材質，次取來彩色塗上，就變成立體之相，就可亂真了。

喑啞矇聾殘廢疾、痴魔纏縛自迷困、心生覺了生是佛，心佛未覺佛是生」文

人們自出生時或出生了後，罹了喑啞、或眼盲、或耳聾或殘廢疾病、都由前生所作的心識有關、過去世做了令人憤怒而被打了咽喉、或眼目、或殘廢，或致了病入膏肓而死、自己還不能懺悔、心中常存怨恨、這种潛意識帶來輪生，其遺伝基因被其破壞，或支肢肉或出生後会現其相。前生若能以般若來觀照五蘊皆空、即可洗滌前愆甚至解縛証道、眾生因迷於宇宙真理，執着人法故此也。人們的造惡業亦是心、心生執着而不自覺即迷沉苦海、若了悟此心本來是佛性、心生迷境而能自覺了、心即回歸本來面目，那個時候迷的眾生就是佛了。這心就是佛、因眾生迷而

不覺故佛亦變眾生，是迷悟之一念間，人們應該在心之起念間要反觀自照以免隨波着流。

罪福本空無自性、原來性空無所憑、我道一覺超生死、慧光朗照病除根。

罪是違背公約的代價、福是善行的人間代價、這都是人我之間的現象界之法、在佛性之中都沒有此物、六道輪迴之中的諸心所法是人生舞台的法、人們只迷於舞台之法、未透視演戲之人、戲是假的演員是真的、任你演什麼好忠角色、對於演員本身是毫不相關的、現像無論怎麼演變、其本來佛性是如如不動的、所以世間之罪福無自性、原來其性本空、沒有什麼法可憑依。戲劇中之盛衰生死貧富根本與佛性的演員都沒有一回事。法華經中的譬喻品有長者子的寓意故事，有位長者之子本來是無量財富，因出去玩要被其他的孩子帶走，以致迷失不知回家，成為流浪兒，到了長大還不知其家，亦不認得其父母，父母還是思念，但迷兒游浪了終於受傭於其家為奴，雙方都不知是父子關係，有一天來了一位和尚，是有神通的大德，對其父子說係他原來是父子，那個時候當場互為相認，即時回復父子關係，子就可以繼承父親的財產了。未知之前其子還是貧窮的，不知之後就成富家兒了。故喻迷沉生死苦海的眾生若能被了悟的大德指導，一覺大我之道就超生死迷境了。了生死是了解生死之法本來迷境，這了悟就是智慧，智慧之光朗照，即業力的幻化迷境就消失，病魔之根就根除了。

阿字門中本不生、吽開不二絕思陳、五蘊非真業非有、

能所俱泯斷主賓。文

阿字門即是涅槃體、是不生不滅的佛性本體，了知諸法自性本空沒有實體，眾生迷於人法，金剛般若經中說的四相，我相、人相、眾生相、壽者相，凡夫迷著以為實有，四相完全是戲論，佛陀教吾們要反觀內照，了知現象即實在，要將現象融入真理，我與道同在，我與法身佛入我我入成為不二的境界，這不二的境界是絕了思考的起沒，滅了言語念頭，靈明獨耀之境界，所有的五蘊是假的，這五蘊堅固就是世間所云之靈魂，有這靈魂就要輪迴六趣了。有五蘊就有能思與所思的主賓關係，變成心所諸法而執著、能所主賓斷了，心如虛空，心如虛空故與道合一，即時回歸不生不滅的阿字門，不然的話，迷著於色聲香味觸之

法而認為真，故生起貪愛，瞋恚、愚痴等蓋佛性，起了
生死苦樂感受，諸法是戲論，佛性不是戲論，佛陀教我們
不可認賊為父。
了知三世一切佛，應觀法界性一真，一念不生三三昧、
我法二空佛印心。文
應該知道三世一切的覺者是怎樣成佛的，要了知一個端
的，去觀這法界森羅萬象是一真實的涅槃性所現，這是過去
佛現在佛未來佛出間所修觀的方法，一念生萬法現，一念
若不生就是包括了無我、無相、無願三種三昧，這種三昧
是心空，不是無知覺，是視之不見，聽之不聞的靈覺境界
此乃一真法性當体之狀態，我執法執俱空即是入我我入，
佛心印我心，我心印佛心，達到這境界即入禪定，禪是体

定是心不起、二即一、眾生成佛。釋迦拈花迦葉微笑印此端的。因為迦葉等五百羅漢，均是不發大心的外道思想意識潛在，故用了方便手拈畢波羅花輾動，大眾均不知用意，但都啞然一念不生注視着，這端的當体即佛性本來面目，可惜錯過機会，只有迦葉微笑表示領悟，自此別開一門的无字法門禪宗，見性了後不能發大心都是獨善其身的自了漢。

菩薩金剛我眷属，三緣无住起悲心，天龍八部隨心所，神通変化攝鬼神。文

羅漢在高山打蓋睡，菩薩落荒草，佛在世間不離世間覺，羅漢入定不管世事眾生死如在高山睡覺，定力到極限的時候就醒來，会起了念頭，就墮下來了。菩薩是了悟眾生

本質即佛德、已知迷是苦海、覺悟即極樂、菩薩已徹底了悟了、它就不怕生死、漏惑潤生、拯救沉沒海中的眾生、如人已知水性了、入於水中會游泳，菩薩度救泳池、眾生是不知水性故會沉溺。菩薩入於眾生群中、猶如一支好花入於蔓草之中、鶴立雞群，一支獨秀。佛世間、眾生世間、器世間、都是法界佛性所現、在世間覺悟道理了、就是佛、所以佛在世間無離世間。佛是世間眾生的覺悟者菩薩為度眾生而開方便法門、但有頑固的眾生不受教訓、菩薩就起了忿怒相責罰，這就是金剛、這是大慈大悲的佛心所變之心所。其佛即佛、心王心所是佛之眷屬、這種大慈大悲的教化眾生之心所、是沒有能度所度及功勞的心無住生心、歸納起來菩薩金剛都是大悲毘盧遮那之心。

此心即佛心，要度天或鬼神就變化同其趣。如天要降雨露均諸法界眾生就變天龍，要守護法界眾生就變八部神將，都是大日如來心所所流出的。祂的神通變化是莫測的，不但能度的菩薩金剛、連鬼神之類都是毘盧遮那普門之一德、普門之多的總和即總持，入了總持即普門之德具備、這總持即是心。

無限色声我實相、文賢加持重重身，聽我法句認諦理、一轉彈指立歸真。文

心是宇宙心，心包太虛，太虛之中有無量基因德性，無量基因德性即普門，色即現前之法，声即法相之語，語即道之本体，有其声必有其物，有其物即有其色相，無限的基因德性，顯現無限不同法相，能認識之本体即佛性智德

、顯現法相之理即理德、智德曰文殊、理德曰普賢、法界之森羅万象即此理智冥加之德，無量無邊之理德及無量無邊之智德，無論一草一木都是此妙諦垂之冥加的德相，沒是基因德性之不同，顯現之物或法都是各各完成其使命之相，若不如是万物即呈現清一色、一味、一相，都沒有各各之使命標幟了。這無限無量的基因德性曰功德，這功德都藏於一心之如來藏中，凡夫不知故認後天收入的塵法為真，將真與假合璧，成為阿賴耶識，自此沉迷三界苦海了。人們若果瞭了這道理而覺悟，即不執于塵立地成佛了。

【一真法句——悟光上師證道歌】

嗡乃曠劫獨稱真，六大毘盧即我身，
時窮三際壽無量，體合乾坤唯一人。
虛空法界我獨步，森羅萬象造化根，
宇宙性命元靈祖，光被十方無故新。
隱顯莫測神最妙，璿轉日月貫古今，
貪瞋煩惱我密號，生殺威權我自興。
六道輪回戲三昧，三界匯納在一心，
魑魅魍魎邪精怪，妄為執著意生身。
喑啞蒙聾殘廢疾，病魔纏縛自迷因，

心生覺了生是佛，心佛未覺佛是生。
罪福本空無自性，原來性空無所憑，
我道一覺超生死，慧光朗照病除根。
阿字門中本不生，吽開不二絕思陳，
五蘊非真業非有，能所俱泯斷主賓。
了知三世一切佛，應觀法界性一真，
一念不生三三昧，我法二空佛印心。
菩薩金剛我眷屬，三緣無住起悲心，
天龍八部隨心所，神通變化攝鬼神。
無限色聲我實相，文賢加持重重身，
聽我法句認諦理，一轉彈指立歸真。

【釋義】

嗡乃曠劫獨稱真，六大毘盧即我身，時窮三際壽無量，體合乾坤唯一人。

嗡又作唵，音讀嗡，嗡即皈命句，即是皈依命根大日如來的法報化三身之意，法身是體，報身是相，化身是用，法身的體是無形之體性，報身之相是無形之相，即功能或云功德聚，化身即體性中之功德所顯現之現象，現象是體性功德所現，其源即是法界體性，這體性亦名如來德性、佛性，如來即理體，佛即精神，理體之德用即精神，精神即智，根本理智是一綜合體，有體必有用。現象萬物是法界體性所幻出，所以現象即實在，當相即道。宇宙萬象無一能越此，此法性自曠劫以來獨一無二的真實，故云曠劫獨稱真。此體性的一中有六種不同的性質，有堅固性即地，地並非一味，其中還有無量無邊屬堅固性的原子，綜合其堅固性假名為地，是遍法界無所不至的，故云地大。其次屬於濕性的無量無邊德性名水大，屬於暖性的無量無邊德性名火大，屬於動性的無量無邊德性曰風大，屬於容納無礙性的曰空大。森羅萬象，一草一木，無論動物植物礦物完全具足此六大。此六大之總和相涉無礙的德性遍滿法界，名摩訶毘盧遮那，即是好像日光遍照宇宙一樣，翻謂大日如來。吾們的身體精神都是祂幻化出來，故云六大毘盧即我身，這毘盧即是道，道即是創造萬物的原理，當然萬物即是道體。道體是無始無終之靈體，沒有時間空間之分界，是沒有過去現在未來，沒有東西南北，故云時窮三際的無量壽命者，因祂是整個宇宙為身，一切萬物的新陳代謝為命，永遠在創造為祂的事業，祂是孤單的不死人，祂以無量時空為身，沒有與第二者同居，是個絕對孤單的老人，故曰體合乾坤唯一人。

虛空法界我獨步，森羅萬象造化根，宇宙性命元靈祖，光被十方無故新。

祂在這無量無邊的虛空中自由活動，我是祂的大我法身位，祂容有無量無邊的六大體性，祂有無量無邊的心王心所，祂有無量無邊的萬象種子，祂以蒔種，以各不同的種子與以滋潤，普照光明，使其現象所濃縮之種性與以展現成為不同的萬物，用祂擁有的六大為其物體，用祂擁有的睿智精神（生其物）令各不同的萬物自由生活，是祂的大慈大悲之力，祂是萬象的造化之根源，是宇宙性命的大元靈之祖，萬物生從何來？即從此來，死從何去？死即歸於彼處，祂的本身是光，萬物依此光而有，但此光是窮三際的無量壽光，這光常住而遍照十方，沒有新舊的差別。凡夫因執於時方，故有過去現在未來的三際，有東西南北上下的十方觀念，吾人若住於虛空中，即三際十方都沒有了。物質在新陳代謝中凡夫看來有新舊交替，這好像機械的水箱依其循環，進入來為新，排出去為舊，根本其水都沒有新舊可言。依代謝而有時空，有時空而有壽命長短的觀念，人們因有人法之執，故不能窺其全體，故迷於現象而常沉苦海無有出期。

隱顯莫測神最妙，璿轉日月貫古今，
貪瞋煩惱我密號，生殺威權我自興。

毘盧遮那法身如來的作業名羯磨力，祂從其所有的種子注予生命力，使其各類各各需要的成分發揮變成各具的德性呈現各其本誓的形體及色彩、味道，將其遺傳基因寓於種子之中，使其繁衍子孫，這源動力還是元靈祖所賜。故在一期一定的過程後而隱沒，種子由代替前代而再出現，這種推動力完全是大我靈體之羯磨力，凡夫看來的確太神奇了、太微妙了。不但造化萬物，連太空中的日月星宿亦是祂的力量所支配而璿轉不休息，祂這樣施與大慈悲心造宇宙萬象沒有代

價，真是父母心，吾們是祂的子孫，卻不能荷負祂的使命施與大慈悲心，迷途的眾生真是辜負祂老人家的本誓的大不孝之罪。祂的大慈悲心是大貪，眾生負祂的本誓，祂會生氣，這是祂的大瞋，但眾生還在不知不覺的行為中，如有怨嘆，祂都不理而致之，還是賜我們眾生好好地生活着，這是祂的大癡，這貪瞋癡是祂的心理、祂本有的德性，本來具有的、是祂的密號。祂在創造中不斷地成就眾生的成熟。如果子初生的時只有發育，不到成熟不能食，故未成熟的果子是苦澀的，到了長大時必須使其成熟故應與以殺氣才能成熟，有生就應有殺，加了殺氣之後成熟了，果子就掉下來，以世間看來是死，故有生必有死，這種生殺的權柄是祂獨有，萬物皆然，是祂自然興起的，故云生殺威權我自興。祂恐怕其創造落空，不斷地動祂的腦筋使其創造不空成就，這些都是祂為眾生的煩惱。這煩惱還是祂老人家的本誓云密號，本有功德也。

六道輪回戲三昧，三界匪納在一心，魑魅魍魎邪精怪，妄為執著意生身。

大我體性的創造中有動物植物礦物，動物有人類、禽獸、水族、蟲類等具有感情性慾之類，植物乃草木具有繁愆子孫之類，礦物即礦物之類。其中人類的各種機能組織特別靈敏，感情愛慾思考經驗特別發達，故為萬物之靈長，原始時代大概相安無事的，到了文明發達就創了禮教，有了禮教擬將教化使其返璞歸真，創了教條束縛其不致出規守其本分，卻反造成越規了，這禮教包括一切之法律，法律並非道之造化法律，故百密一漏之處在所難免，有的法律是保護帝王萬世千秋不被他人違背而設的，不一定對於人類自由思考有幫助，所以愈嚴格愈出規，所以古人設禮出有大偽，人類愈文明愈不守本分，欲望橫飛要衝出自由，自由是萬物之特權之性，因此犯了法律就成犯罪。罪是法沒有自性的，看所犯之輕重論處，或罰款或勞役或坐牢，期間屆滿就無罪了。但犯了公約之法律或逃出法網不被發現，其人必會悔而自責，誓不復犯，那麼此人的心意識就有洗滌潛意識的某程度，此人必定還會死後再生為人，若不知懺悔但心中還常感苦煩，死後一定墮地獄，若犯罪畏罪而逃不敢面對現實，心中恐懼怕人發現，這種心意識死後會墮於畜生道。若人欲望熾盛慾火衝冠，死後必定墮入餓鬼道。若人作善意欲求福報死後會生於天道，

人心是不定性的，所以在六道中出沒沒有了時，因為它是凡夫不悟真理才會感受苦境。苦樂感受是三界中事，若果修行悟了道之本體，與道合一入我我入，成為乾坤一人的境界，向下觀此大道即是虛出沒的現象，都是大我的三昧遊戲罷了，能感受所感受的三界都是心，不但三界，十界亦是心，故三界匯納在一心。魑魅魍魎邪精怪是山川木石等孕育天地之靈氣，然後受了動物之精液幻成，受了人之精液即能變為人形，受了猴之精液變猴，其他類推，這種怪物即是魔鬼，它不會因過失而懺悔，任意胡為，它的心是一種執著意識，以其意而幻形，此名意成身，幻形有三條件，一是幽質，二是念朔材質，三是物質，比如說我們要畫圖，在紙上先想所畫之物，這是幽質，未動筆時紙上先有其形了，其次提起鉛筆繪個形起稿，此即念朔材質，次取來彩色塗上，就變成立體之相，幾可亂真了。

喑啞蒙聾殘廢疾，病魔纏縛自迷因，心生覺了生是佛，心佛未覺佛是生。

人們自出生時或出生了後，罹了喑啞、或眼盲、或耳聾或殘廢疾病，都與前生所作的心識有關，過去世做了令人憤怒的事而被打了咽喉、或眼目、或殘廢、或致了病入膏肓而死，自己還不能懺悔，心中常存怨恨，這種潛意識帶來轉生，其遺傳基因被其破壞，或在胎內或出生後會現其相。前生若能以般若來觀照五蘊皆空，即可洗滌前愆甚至解縛證道，眾生因不解宇宙真理，執著人法故此也。人們的造惡業亦是心，心生執著而不自覺即迷沉苦海，若果了悟此心本來是佛性，心生迷境而能自覺了，心即回歸本來面目，那個時候迷的眾生就是佛了。這心就是佛，因眾生迷而不覺故佛亦變眾生，是迷悟之一念間，人們應該在心之起念間要反觀自照以免隨波著流。

罪福本空無自性，原來性空無所憑，我道一覺超生死，慧光朗照病除根。

罪是違背公約的代價，福是善行的人間代價，這都是人我之間的現象界之法，在佛性之中都沒有此物，六道輪迴之中的諸心所法是人生舞台的法，人們只迷於舞台之法，未透視演戲之人，戲是假的演員是真的，任你演什麼奸忠角色，對於演員本身是毫不相關的，現象無論怎麼演變，其本來佛性是如如不動的，所以世間之罪福無自性，原來其性本空，沒有什麼法可憑依。戲劇中之盛衰生死貧富根本與佛性的演員都沒有一回事。《法華經》中的「譬喻品」有長者子的寓意故事，有位長者之子本來是無量財富，因出去玩耍被其他的孩子帶走，以致迷失不知回家，成為流浪兒，到了長大還不知其家，亦不認得其父母，父母還是思念，但迷兒流浪了，終於受僱於其家為奴，雙方都不知是父子關係，有一天來了一位和尚，是有神通的大德，對其父子說你們原來是父子，那個時候當場互為相認，即時回復父子關係，子就可以繼承父親的財產了。未知之前其子還是貧窮的，了知之後就成富家兒了，故喻迷沉生死苦海的眾生若能被了悟的大德指導，一覺大我之道就超生死迷境了。了生死是了解生死之法本來迷境，這了悟就是智慧，智慧之光朗照，即業力的幻化迷境就消失，病魔之根就根除了。

阿字門中本不生，吽開不二絕思陳，五蘊非真業非有，能所俱泯斷主賓。

阿字門即是涅盤體，是不生不滅的佛性本體，了知諸法自性本空沒有實體，眾生迷於人法，《金剛般若經》中說的四相，我相、人相、眾生相、壽者相，凡夫迷著以為實有，四相完全是戲論，佛陀教吾們要反觀內照，了知現象即實在，要將現象融入真理，我與道同在，我與法身佛入我我入成為不二的境界，這不二的境界是絕了思考的起沒，滅了言語念頭，靈明獨耀之境界，所有的五蘊是假的，這五蘊堅固就是世間所云之靈魂，有這靈魂就要輪迴六趣了，有五蘊就有能思與所思的主賓關係，變成心所諸法而執著，能所主賓斷了，心如虛空，心如虛空故與道合一，即時回歸不生不滅的阿字門。不然的話，迷著於色聲香味觸之法而認為真，故生起貪愛、瞋恚、愚癡等眾蓋佛性，起了生死苦樂感受。諸法是戲論，佛性不是戲論，佛陀教吾們不可認賊為父。

了知三世一切佛，應觀法界性一真，
一念不生三三昧，我法二空佛印心。

應該知道三世一切的覺者是怎樣成佛的，要了知一個端的。應觀「這法界森羅萬象是一真實的涅槃性所現」，這是過去佛、現在佛、未來佛共同所修觀的方法。一念生萬法現，一念若不生就是包括了「無我、無相、無願」三種三昧。這種三昧是心空，不是無知覺，是視之不見、聽之不聞的靈覺境界；此乃一真法性當體之狀態，我執、法執俱空，即是入我我入，佛心即我心，我心即佛心。達到這境界，即入禪定；禪是體，定是心不起，二而一，眾生成佛。釋迦拈花迦葉微笑即此端的，因為迦葉等五百羅漢，均是不發大心的外道思想意識潛在，故開了方便手拈畢波羅花展動，大眾均不知用意，但都啞然一念不生注視着，這端的當體即佛性本來面目，可惜錯過機會，只有迦葉微笑表示領悟，自此別開一門的無字法門禪宗，見了性後不能發大心都是獨善其身的自了漢。

菩薩金剛我眷屬，三緣無住起悲心，
天龍八部隨心所，神通變化攝鬼神。

羅漢在高山打瞌睡，菩薩落荒草，佛在世間不離世間覺，羅漢入定不管世事眾生宛如在高山睡覺，定力到極限的時候就醒來，會起了念頭，就墮下來了。菩薩是了悟眾生本質即佛德，已知迷是苦海，覺悟即極樂，菩薩已徹底了悟了，它就不怕生死，留惑潤生，拯救沉沒海中的眾生，如人已知水性了，入於水中會游泳，苦海變成泳池，眾生是不知水性故會沉溺，菩薩入於眾生群中，猶如一支好花入於蔓草之中，鶴立雞群，一支獨秀。佛世間、眾生世間、器世間，都是法界體性所現，在世間覺悟道理了，就是佛，所以佛在世間並無離開世間。佛是世間眾生的覺悟者，菩薩為度眾生而開方便法門，但有頑固的眾生不受教訓，菩薩就起了忿怒相責罰，這就是金剛，這是大慈大悲的佛心所流露之心所，其體即佛，心王心所是佛之眷屬，這種大慈大悲的教化眾生之心所，是沒有能度所度及功勞的心，無住生心，歸納起來菩薩金剛都是大悲毘盧遮那之心。此心即佛心，要度天或鬼神就變化同其趣。如天要降雨露，均沾法界，眾生就變天龍，要守護法界眾生就變八部神將，都是大日如來心所所流出的。祂的神通變化是莫測的，不但能度的菩薩金剛，連鬼神之類亦是毘盧遮那普門之一德，普門之多的總和即總持，入了總持即普

門之德具備，這總持即是心。

無限色聲我實相，文賢加持重重身，
聽我法句認諦理，一轉彈指立歸真。

心是宇宙心，心包太虛，太虛之中有無量基因德性，無量基因德性即普門，色即現前之法，聲即法相之語，語即道之本體，有其聲必有其物，有其物即有其色相，無限的基因德性，顯現無限不同法相，能認識之本體即佛性智德，顯現法相之理即理德，智德曰文殊，理德曰普賢，法界之森羅萬象即此理智冥加之德，無量無邊之理德及無量無邊之智德，無論一草一木都是此妙諦重重冥加的總和，只是基因德性之不同，顯現之物或法都是各各完成其任務之相。若不如是萬

物即呈現清一色、一味、一相，都沒有各各之使命標幟了。這無限無量的基因德性曰功德，這功德都藏於一心之如來藏中，凡夫不知故認後天收入的塵法為真，將真與假合璧，成為阿賴耶識，自此沉迷三界苦海了，人們若果聽了這道理而覺悟，即不起於座立地成佛了。

新編正法眼藏

作者

大僧正
哲學博士 釋悟光上師

總本山光明王寺
高雄縣內門鄉永興村頂庄 32 之 3 號
電話：(07) 669-2275　傳真：(07) 669-2383

光明王寺香港分院
地址：香港銅鑼灣軒尼詩道 417-421 號（海外大廈 3 字樓）
電話：28919888．28336765

編輯

梁美媚

美術統籌及設計

Amelia Loh

美術設計

Charlotte Chau

出版者

圓方出版社
香港北角英皇道 499 號北角工業大廈 18 樓
營銷部電話：(852) 2138 7961
電話：2138 7998　傳真：2597 4003
電郵：marketing@formspub.com
網址：http://www.formspub.com
http://www.facebook.com/formspub

發行者

香港聯合書刊物流有限公司
香港新界大埔汀麗路 36 號
中華商務印刷大廈 3 字樓
電話：2150 2100　傳真：2407 3062　電郵：info@suplogistics.com.hk

承印者

亨泰印刷有限公司
香港柴灣利眾街 27 號德景工業大廈 10 樓

出版日期

二Ｏ一四年四月第一次印刷

ISBN 978-988-8237-89-0
Published in Hong Kong